Adolf Bastian

Zur Lehre von den geographischen Provinzen

Adolf Bastian

Zur Lehre von den geographischen Provinzen

ISBN/EAN: 9783744668514

Hergestellt in Europa, USA, Kanada, Australien, Japan

Cover: Foto ©ninafisch / pixelio.de

Weitere Bücher finden Sie auf **www.hansebooks.com**

ZUR LEHRE

VON DEN

GEOGRAPHISCHEN PROVINZEN

VON

ADOLF BASTIAN.

BERLIN 1886.

ERNST SIEGFRIED MITTLER & SOHN

KÖNIGLICHE HOFBUCHHANDLUNG

KOCHSTRASSE 68—70.

An die

Deutsche Naturforscherversammlung

bei diesmaliger Jahressitzung

(in Berlin).

Vorwort.

———

Auf dem Standpunkt inductiver Behandlungsweise wird für eine objective Naturbetrachtung die Einordnung des Menschen an ihm zugehöriger Stelle, (in der Reihe der Geschöpfe), verlangt, und also der Durchschnittsmensch („l'homme moyen"), wie physisch nach den Wechselbeziehungen der Umgebung (innerhalb seines Milieu) differenzirt in den anthropologischen Provinzen, und ausserdem psychisch unter den aus geschichtlichen Bewegungen zwischenhineinfallenden Einflüssen (für die ethnischen Besonderheiten nachwirkend).

Bei der für menschliche Existenz vorbedingten Gesellschaftswesenheit ist der Charakter des Zoon politikon in ersten Betracht zu stellen, und zwar zum Studium der psychischen Lebensgesetze des socialen Organismus, der die, seine jedesmalige Eigenthümlichkeit abzeichnenden, Typen an den ethnischen Horizont projicirt (in den Völkergedanken religiösen und rechtlichen Inhalts besonders).

Mehr noch als in den pathologischen Störungen einer „Statistique des crimes" werden in diesen, physiologisch normal verlaufenden, Vorgängen die „allzu überzeugenden Beweisstücke" (des preuves ainsi convaincantes) die Möglichkeit ausschliessen, „que l'intelligence humaine se refuse à croire les lois admirables, qui règlent la création et qui dirigent l'homme dans ses actions les plus manifestes comme dans celles qui semblent échapper même à sa connaissance" (s. Quetelet). Die Erfassung des Naturgesetzes in der Entwickelung gesellschaftlicher Zustände ist die wichtigste Aufgabe der Statistik *(Haushofer)*, als „Physiologie der Gesellschaft" *(Knies)* in der „Démographie" oder „histoire naturelle et sociale de l'espèce humaine" *(Guillard)* für „allgemeine Weltstatistik" *(Gatterer)*. „The social body is no more liable to arbitrary changes, than the individual body" (s. Stephen), im Bann der Naturgesetze (ohne Schädigung derjenigen Freiheit, die den ihr innewohnenden Gesetzen selber sich fügt). „Nicht der einzelne Mensch und sein Denken ist das Maass der Dinge" (s. Oncken), sondern die „Collectivmenschen", im Prototyp der (b. Aristoteles) gesellschaftlich gefassten Menschenwesenheit (als „Horden"- oder Heerdenthier).

Wie weit die Besonderheiten physischer Erscheinung in ihrer Bedingtheit durch die Agentien der „Environments" auch in diesen bereits ihre Erklärung zu finden vermögen, wird in jedem Specialfall von den durch Meteorologie oder Rassenkunde gelieferten Daten abhängig und bei den lückenhaften Mängeln der Vorarbeiten meistens soweit noch ohne befriedigende Antwort bleiben müssen. Mehr noch tritt, in Folge solchen Ausfalls zuverlässigen Materials, für das Studium der psychischen Schöpfungen ein Hinderniss entgegen, und dieses hinwegzuräumen wird vor Allem angestrebt werden müssen, für gleichartige Behandlungsweise, denn „les faits moraux et les faits physiques sont sous l'influence des mêmes causes et doivent être soumis aux mêmes principes d'observation" (s. Quetelet) in den geographischen Provinzen (ethnischer Kreise). „La plupart des faits de l'ordre moral considérés dans les masses et non dans les individus, sont déterminés par des causes régulières dont les variations sont renfermées dans d'étroites limites et peuvent être soumis, comme ceux de l'ordre matériel, à l'observation directe et numérique" (s. Guerry). Und ebenso dann die „Qualités intellectuelles" (s. Quetelet). „Chaque peuple à la longue finit par adopter une manière d'être et des habitudes, qui dépendent de sa constitution particulière et du climat où il se trouve placé" (1869), wenn auf primären Entwicklungsstufen (des „Positivismus") die „Mythologie jedes Volkes" (s. Herder) „dem Beschauer vor Augen tritt, als ein Abdruck der eigentlichen Art, wie es die Natur ansah" (in ethnischer Weltanschauung). Ethics as a creation of man leads back to the essential character of man and that in its turn leads to the absolute principle of things (s. Courtney). „Tous les êtres de la Création portent l'empreinte visible du Milieu, qui les fait vivre" (s. Emery), physisch sowohl wie psychisch (in ausgeprägter Charaktereigenthümlichkeit).

Für die Chorologie geographischer Provinzen werden wir uns bei der „Uraustheilung" (s. Fechner) zunächst noch nicht mit Ursprungsfragen, über „centres de création" (s. Desmoulins), zu beschweren brauchen, betreffs der ihnen angehörigen Organismen in den „centres d'apparitions" (bei Quatrefages). Es genüge vor der Hand, die Thatsache der nachgewiesenen und nachweisbaren Wechselwirkung, also ein Bestehen aus „Equilibration", in der Gleichung gegenseitig bedingter Formeln.

Und hier bietet sich ein Anhalt nun in den Differenzen, die nicht nur als flüchtige Accidenzen an der Oberfläche schweben, sondern so fest und tief eingreifen in die $Ov\sigma i\alpha$ des Dinges, um in seiner Existenz mit der Lebensfrage und Lebensfähigkeit organisch verwachsen zu sein. So möchte demnach Aussicht bleiben auf eine Differentialrechnung, (im logischen Rechnen des Denkens), um den Weg anzuweisen zum Integriren mancher der Probleme, die, in dem Welträthsel versteckt, den Geist so lange geäfft haben, dass ihm schliesslich im Affen selber seine Verwandten lieb geworden, (von den Tibetern in frommen Patriarchen verehrt); denn indem nicht nur der physische sondern auch der psychische Habitus des Menschen sich von den „Surroundings" seines geographischen „Milieu" abhängig erweist, reichen die physikalischen Effecte derselben aus dem Pneuma der Atmosphäre in die höchsten Gedankenreihen hinaus, (bis zu dem der Pneumatiker der Gnosis, wenn es so beliebt), und so hätten wir ungesucht die „Anima mundi mens" (bei Macrob) des Zauberdichters „nam et mundo animam dedit" *(Virgilius)*, freilich nur in (des Skoteinos') Gespiel (der Zufälligkeiten); τὸ μὲν γὰρ ἀπὸ τύχης ἀπὸ ταὐτομάτου τοῦτο δ'οὐ πᾶν ἀπὸ τύχης (Arstl.), ἐμπείρια τέχνην ἐποίησεν (ait Polus).

Bei Ausgang vom Untergrund des organischen Werdens in den geographischen Provinzen, als dort Gegebenem (zum ersten Ansatzpunkt), hat sich das logische Rechnen (des Denkens) zunächst in den Differenzen zu bewegen, wie sie über den Globus hin hervortreten, nach räumlicher Vergleichung sowohl wie in den Phasen genetischer Entwickelung mit Einleitung geschichtlicher Bewegung (aus dem ethnologischen Horizont der anthropologischen Provinz, innerhalb der geographisch gezogenen Peripherie). Und hier wird mit Durchbildung naturwissenschaftlicher Psychologie, bei Erforschung der Denkprocesse nach exacter Methode die Hoffnung bewahrt werden dürfen auf eine Entdeckung, gleich der des Algarithmus, — l'algorithme du calcul infinitésimal (s. D'Alembert) —, welche, (bei Leibniz), als eine „fast zufällige" (s. Gerhardt) erscheint, weil durch das thatsächliche Verhalten aufgezwungen. Wie auf den übrigen Arbeitsfeldern der Naturwissenschaft wird auch beim Herantreten an das psychische Reich jeder vorgefassten Meinung zu entsagen sein, den Vorurtheilen, wie aus altvertrauten Methoden der Deduction vererbt, den „Idolen des Denkens" (bei Bacon), um eine durch thatsächlich aufgebautes Gerüst gestützte Basis objectiv freier Umschau zu gewinnen, für die Pripherielinie deutlicher Sehweite zunächst, und für die Blicke darüber hinaus, in Unabsehbarkeit der Fernen (auf gegenwärtigen Standort). Je maasslos weiter hier die Perspectiven sich eröffnen, desto ernster und strenger sei festgehalten an dem engsten Kreis scharf controllirbaren Wissens, und so für den Organismus an dem seiner Wechselwirkung mit der Umgebungswelt. Im gesetzlich hergestellten Gleichgewicht mit derselben liegt die Vorbedingung der Existenz, denn „tout antagonisme entre l'organisation et les qualités physiques ou chimiques du milieu entraine une mort inévitable à plus ou moins bref délai" (s. Emery), unter der Spielweite möglicher Acclimatisation (um bei verändernden Modificationen über einen Modus vivendi sich zu vergleichen).

Die Anpassung durch natürliche Auswahl (natural selection) wäre in ihrer ersten Verwirklichkeits-Aeusserung, als das Resultat von Grundbedingungen zu fassen, die derartig mit der Existenz selbst verwachsen sind, um sich im eigenen Räthsel derselben, eines gleichwerthigen Durchblicks für das Einzelne zu entziehen.

Hier wird demnach, was in den Ergebnissen als vorläufig Ganzes sich abschliesst, mit der Geltung eines „Gegebenen" entgegenzunehmen sein, um zunächst in solcher Bedeutung bei der Rechnung verwandt zu werden, ehe sich für die verschiedenen Factoren, aus deren Zusammenwirken das Facit hervorgegangen, der, einem jeden zuständige, Zifferwerth fixiren lassen sollte.

Somit fällt die gestellte Vorfrage in das Kapitel derjenigen Ursprungsprobleme, welche erst am Schluss der Operationen, aus dem Gange derselben, ihre richtige Lösung erwarten können.

Sofern dagegen bei dem ferneren Spiel der Ursächlichkeiten (im struggle for existence) durch „ars conjecturandi" (bei Bernouilli) in der „Théorie analytique des probabilités" (bei Laplace) sich unter den Variationen bestimmte Inductionsbeziehungen sollten herstellen lassen, wird bei der Bestätigung organischen Naturwaltens der Versuch zu Rückschlüssen auf Früheres seine Zulässigkeit rechtfertigen dürfen.

Ob nun hier, beim Schwanken zwischen „Deus sive natura" (bei Spinoza), von „active power or deity" oder von „Nature", — the aggregate action and product of many natural laws (the sequence of events as ascertained by us) —, das Wappenschild gewählt wird, immer handelt es sich in erster Linie um eine Variationsrechnung bei „Natural selection" (the preservation of such variations as occur and are beneficial to the being under its conditions of life), für die „preservation of favourable variations and the rejection of injurious variations" (s. Darwin), und ein primär voranliegendes Gleichgewicht ist dabei als hypothetisch (subjectiv vorläufiger Anticipation) präexistirend zu setzen, damit die Existenz selbst überhaupt „in existentia" gelange, zu jenem Sein, das sich bereits „in jeder Vorstellung findet" (s. Bergmann), wenn die Dinge für die Anschauung (s. Kant) aus dem ἀνόρατον (s. Plato), als (unsichtbarem) Hades (bei Aristoteles) hervortreten (im Denkprocess). „As the natural laws are continuous through the universe of matter and of space, so will they be continuous through the universe of spirit" (s. Drummond), und für Verwendung der inductiven Methode ist das erforderliche Material gewonnen, beim Ausgang vom Völkergedankcn (menschlicher Gesellschaftswesenheit), um einzudringen „dans cette espèce de géometrie vive et divine, qui embrasse tout" (s. Saint-Martin), mystisch gefasst im Göttlichen (für gesetzliche Klärung des Verständnisses). „The distinguishing character of human psychology is that to the three great factors, organism, external medium and heredity, it adds a fourth, namely, relation to a social medium, with its product, the general mind" (s. Lewes) in der Gesellschaftswesenheit (als physischer Organismus).

„The tissue is built up of men, as the tissue of physiology is said to be built of cells; every society is composed of such tissue" (s. Leslie Stephen) und wäre, zum Verständniss der Organisation, zunächst in den rechtlichen Institutionen zu studiren (mit kosmischem Hinausstreben der religiösen Ideen). Dafür wird erforderlich sein, die Statistik in Verwendung zu nehmen, als „politische und sociale Messkunst" (bei Hildebrandt) zur Feststellung der Gesetzmässigkeiten im Gesellschaftsleben (bei Mayr), durch logisches Rechnen (unter naturwissenschaftlicher Durchbildung der Psychologie).

„Kein Fach, welches genauer Zahlen und Mittelwerthe entbehrt, kann einmal als ein wirklich ausgebildetes oder wissenschaftliches gelten" (s. Oesterlen), und „je vollkommner dasselbe als Wissenschaft wird, um so eher wird es auch der Berechnung einer gewissen Behandlung nach mathematischen Grundsätzen zugänglich" (1874), für Definirung eines psychisch-ethnischen Organismus (in der Lehre vom Zoon politikon). Immer aber wird es, vor Allem und Allem voran, einer Materialansammlung bedürfen, um die Bausteine selbst zu beschaffen (in den Völkergedanken). Statt einer Anticipation der Natur hat die neuere Erforschungsweise derselben den von Bacon empfohlenen Weg einer (interpretirenden) Auslegung derselben vorgezogen und wird sich dadurch nach allen Richtungen hin auf statistische Unterlagen weitergeführt finden müssen. „Bis jetzt herrscht fast überall die vollständigste Empirie (in der Statistik), in jungen Forschungsgebieten unvermeidlich" (s. G. F. Knapp). „It is only when statistical research conducts to the discovery of types, or when the inferences drawn from it may be tested, and confirmed by detection of some systematic subordination to law in their variations, that statistics afford a safe guidance (s. Gould), im gesicherten Anschluss an Naturgesetze (im harmonischen Kosmos).

Wenn das Differential die Realität als eine constituirende Denkbedingung geltend macht, so bezeichnet das Integral das Reale als Gegenstand (s. Cohen), und die auf dem Differentialquotient gebaute Wissenschaft erscheint als das „Riesenschwert", durch welches das gesammte Gebiet der Naturwissenschaft mehr oder weniger a priori erobert werden kann (s. Gutberlet). Mit dem Ausgang vom Völkergedanken, (in der psychischen Atmosphäre des ethnischen Kreises geschaffen), liegt das Material vor für Verwendung inductiver Methoden, um so für das Geistesreich auch die gesicherte Controlle zu gewinnen, unter welcher die heutige Weltanschauung jene feste Begründung erlangt hat, kraft welcher der Mensch seine Umgebung zu beherrschen beginnt in den „principia Mechanismi seu legum motus" (s. Leibniz) einer „Metageometria" (b. Caramuel) für die Mechanik des

Geistes (metaphysisch). „Ins Innere der Natur dringt kein erschaffener Geist", wenn er sie nicht an „äusserer Schaale" (s. v. Haller) zu packen weiss, wo diese die (antillenisch rauhen) Unebenheiten der Differenzen aufweist; τὸ ὂν λέγεται τὸ μὲν κατὰ συμβεβηκός, τὸ δὲ καϑ'αὑτό (s. Aristot.), und so wird zu der im eigenen Mysterium verschlungenen Wesenheit der Weg sich bahnen nach den Richtungsweisern der Eigenschaften (von der Peripherie des Makrokosmos zum mikrokosmischen Centrum). „Ist nicht der Kern der Natur | Menschen im Herzen?" frägt der Dichter, dessen Genius, in künstlerischer Schau, einheitlichen Zusammenhang umfasst, denn· „Natur hat weder Kern noch Schaale | Alles ist sie mit einem Male". Aber dennoch, um das Rigorosum vor Chitragupta zu bestehen, dürfte der Philister in spe sicherer gehen auf dem langsamen Weg der Induction (für das Detail).

In Begründung der Erkenntniss auf die Anschauung, im Gegensatz zu dem anschauungslosen Denken der Metaphysik, spricht Kant's Vernunftkritik im Sinne der inductiven Zeitrichtung (naturwissenschaftlicher Methode).

Damals schwankte noch die Wahl zwischen „dem kurzen, selbstschöpferischen Weg des reinen Denkens" und „der mühevollen, langsam fortschreitenden Tagesarbeit der Naturforscher" (s. Helmholtz). Seitdem hat die Majorität sich für die zweite Alternative entschieden, man verlangt Anschauungen, deutlich und bestimmte „Bezogenheit des Bewusstseins als auf ein Gegebenes" (s. Cohen), die Realität der Dinge, in Vielfachheit von sich und um sich.

Wie nun aber hier beginnen; wo vor Allem? und für Beantwortung solcher Fragen verweist Hegel spottend auf den „Scholasticus", der schwimmen lernen möchte, ehe er sich ins Wasser gewagt (den Kopfsprung fürchtend).

Eine andere Antwort jedoch hätte sich aus logisch gestellten Rechenexempeln naturwissenschaftlich durchbildeter Psychologie zu ergeben, da, um nach den diätischen Regeln eines „common sense" seine Gesundheit zu bewahren, der Denkprocess kein Wagniss mit Infinitesimalrechnung versuchen wird, so lange ihm für Bemeisterung der Elementaroperationen so Manches noch fehlt (und die Materialbeschaffung selbst kaum erst begonnen hat). Folgen wir deshalb zunächst dem von der Mathematik bereits angezeigten Weg. Le Mathématicien dit: „Ce point de départ

étant donné, tel cas particulier en résulte nécessairement." Le
Naturaliste dit: „Si ce point de départ était juste, tel cas particulier en résulterait comme conséquence" (s. Claude Bernard).
Que fait le mathématicien? Il cherche dans les données du
problème un certain nombre des quantités connues, équivalentes
à la quantité inconnue, et c'est à l'aide de ces quantités qu'il
détermine la valeur de x. L'anthropologiste doit agir comme lui
(s. Quatrefages). Hier beim Ausgang vom hypothetisch noch
Zweifelhaften ist das Endurtheil vorläufig suspendirt zu halten,
bis im Rechnungsgange aus den Gleichungen die Formel sich
für das bisher Unbekannte im jedesmal festen Ziffernwerth wird
substituiren lassen.

Für den Ansatz im Gegebenen (der „Data") ergiebt sich
damit das Erste und Letzte, als das Elementare, wie in der
Chemie (bei ihrer Rettung aus alchymistischem Wust).

Beim Organismus fällt dieser Ausgangspunkt, vom Dedomenon,
in die naturgemässe Umgebung seiner geographischen Provinz
(den „surroundings" des „Milieu"), mit dem Leben, als „the
continuous adjustment of internal relations to external relations"
(s. Spencer). Und hier liegen die Wurzeln in der wandelnden
Umgebungswelt (in der „Monde ambiant") eingeschlagen, damit
das Gesetz von der Erhaltung der Kraft für die lebenden
Wesen gleichfalls gültig, wenn die Physiologie mit einer unbe-
dingten Gesetzlichkeit der Naturkräfte auch in Erforschung der
Lebensvorgänge rechnend, Ernst machen musste. „mit der Ver-
folgung der physikalischen und chemischen Processe, die innerhalb des Organismus vor sich gehen" (s. Helmholtz).

Allerdings lassen sie sich aus dem Gesetz der Forterbung
der individuellen Eigenthümlichkeiten von den Eltern auf die
Nachkommen (bei Darwin) verfolgen, würden indess in der De-
finition der Species „l'individu répété et continué dans le temps
et dans l'espace" (s. Blainville) bereits involvirt liegen, wogegen
für die physikalischen Agentien, die in den Ursächlichkeiten
geographischer Provinzen spielen, der Weg weiter und weiter
hinausführt, bis schliesslich zur Urquelle aller Kraft (im solaren
System). „The evolutional nisus depends ultimately on the sun's
energy" (s. Maudsley), im Sonnenreich (siderisch). „Evolution,
whether it explains cosmical or biological phenomena, or whether
it penetrates the world of thought and of history, never explains
the primal cause, it is concerned with sequence in the form of

a series without a beginning and without an end" (s. Courtney). Die Evolution gilt als „eine Erscheinung ähnlicher Art wie die Metamorphose, mit einer fast unendlichen Zeitdauer zu ihrer Verfügung" (bei Saporta). Ἐξ οὐκ ὄντων τὰ ὄντα ἐποίησεν, das Proton-Aition (als Svayambhuva), beim Entstehen aus Kore (maorischer Kosmogenie), als dem τὸ μὴ ὄν (im Avixa der Nidana), bei der ewigen Schöpfung (ἄχρονος) ἐξ ἀρχῆς ἀναρχοῦ (bei Clem. Al.), zum Eintritt in die γένεσις (bei Entwicklung in Raum und Zeit). Χρόνῳ κόσμον γεγονέναι zu glauben, gilt εὔηϑες πάνυ (für Philo) und σφόδρα μὲν οὖν ἠλίϑιον καὶ γραῶδες die Fellbekleidung (bei Origenes), ὥσπερ ἴδιον τὸ καίειν πυρὸς καὶ χίονος τὸ ψύχειν, οὕτω καὶ Θεοῦ τὸ ποιεῖν (s. Philo) in Naturkraft (als göttlicher), aus δραστήριον und παϑητικόν („natura naturans" und „natura naturata").

In dem Eigenwachsthum des Organismus wäre die Neigung zu einer „Vervollkommnungstheorie durch directe Bewirkung" (s. Nägeli) als eingepflanzt zu setzen, wenn die „potentiâ" vorbedingten Anlagen „actu" zur Verwirklichung gelangen, aus einem „Idioplasma" (neben dem „Ernährungsplasma") ebenso bequem hypothesirbar, wie durch Wellenbewegung der Molekule (in der Plastidul-Perigenesis) oder bei circulirenden Körnchen (in der Pangenesis), und unter andern Bildern oder (s. Creuzer) Symbola der Endeixis (ἐν παραπετάσμασιν).

Da eine auf Erklärung des Natürlichen gerichtete Forschung jeden Eingriff eines Uebernatürlichen, — so lange, (weil solcher eben), mit Vernichtung bedrohend, — aus Selbstvertheidigung schon zurückzuweisen hat, verbleibe es deshalb, für die Lebenserscheinungen auch, bei Naturkräften und Naturgesetz in den Wirkungen chemisch-physikalischer Kräfte (nach dem Causalgesetz), aber die Veränderlichkeit der organischen Wesen muss in legal gleichgewichtiger Existenzfähigkeit jedesmaligen Organismus die naturgemässe Beschränkung für sich selber finden, im Anschluss an räumlich oder zeitlich fixirte Auswahl (durch züchtende Umgebungsverhältnisse) zu Fixpunkten (beim Ausgang der Untersuchung).

Für chemische Aenderungen bei einer durch physikalische Kräfte aus nebularem Chaos gestalteten Schöpfung bietet sich den Combinationen weiter Spielraum, während die seit dem Beginn der Asankheya-kalpe (oder, indisch weitergerechnet, der Antarakalpe) vorhandenen Mineralien dieselben geblieben zu sein scheinen, und ebenso die biologischen Arten (der Pflanzen und Thiere).

Beim Menschen tritt jene historisch erfasste Entwicklung entgegen, welche bei Gregorius von Nyssa als unbegrenzte gesetzt wird, für die Einzelnseele, in einen „progrès sans limites" (s. Denis), während bei Origenes' Sabbatismus in Ruhe verlaufend, wie durch gesetzlichen Ausgleich hergestellt, für Maya's Gegensatz im Niphan (der Tathagata).

Indem mit dem (seit dem Entdeckungsalter) comparativ gewonnenen Ueberblick des Erdballs, unter international-kosmopolitischer Erweiterung der Menschheitsgeschichte, ihre bisher subjective Färbung in Ausfall geräth, würde hiervon auch die historische Teleologie betroffen werden, soweit in kurzsichtig enger Beschränkung Deutungen versucht werden sollten, die sich bei allmälig geklärter Durchschau kosmischer Gesetze erst verstehen lassen könnten (aus harmonischem Einklang gegenseitigen Zusammenwirkens).

Wie bei der psychischen Hälfte auf den Völkergedanken, findet sich bei der physischen die Lehre von den geographischen Provinzen auf eine vergleichende Physiologie der Rassenkunde hingewiesen, unter Ergänzung durch die Meteorologie, im internationalen Zusammenarbeiten ihrer Stationen, und Ausdehnung derselben über die verschiedenen Klimagürtel (in horizontaler und verticaler Reihenfolge). Die Vorarbeiten haben kaum begonnen, und gegenwärtig klaffen auf beiden Seiten noch empfindliche Lücken wegen völliger Unkenntniss unerlässlich nothwendiger Daten (ersten Erfordernisses). Nicht weniger schwach wie in der Anthropologie mit dem Handwerkszeug, um eine vergleichende Rassenkunde auszubauen, ist es für eine Uebersicht der im Detail zusammenwirkenden Factoren mit der Meteorologie bestellt, die kaum für die am durchschlagendsten der Auffassung entgegentretenden einige Beobachtungsreihen zur Verfügung gewonnen hat (in der Temperatur und der von ihren Streiflichtern vorgezeichneten Linien). „Nur sehr allmälig gelingt es der Wissenschaft, den Einfluss der einzelnen klimatischen Factoren auf das Leben der Pflanze nachzuweisen und so den Grund zu einer künftigen Pflanzenklimatologie zu legen" (s. Pokorny). Unter den ursächlichen Factoren der Anpassung (bei der Pflanze) werden „bedeutende Trockenheit oder strenge Kälte weitaus den ersten Platz" (s. Reiter) einnehmen (wogegen „übergrosse Feuchtigkeit oder intensive Wärme, Lichtfülle oder von Salzen imprägnirte Bodenarten" zurücktreten). Immerhin vom pflanzengeographischen Standpunkt bieten sich in den „thermischen Constanten" brauchbare Anhaltspunkte (s. Staub), und so vom anthropogeographischen (für die Acclimatisation).

Aus dem Gesammteffect geographisch-klimatischer Bedingungen von der als Afrika bezeichneten Continentalmasse auf dem Erdball ruft sich unter den Variationen des Menschengeschlechts diejenige Erscheinung hervor, welche für den autochthonen Charakter des vorwiegend äquatorial-tropischen Gürtels als nigritische gefasst werden kann, abgesehen also von den durch fremd hinzugekommene Einflüsse verursachten Umwandlungen, sowie denen auf der, in gemässigte Zone hinausfallenden, Südspitze sowie den an den Abhängen (unter verticaler Wiederholung der Scala) aufsteigenden Hochgebirgen.

Dieser afrikanische Typus wäre zugleich als der für den äquatorialen Menschen im Allgemeinen, (bei seinem Gegensatz zum andern Extrem des polaren), prägnante zu setzen, weil nur im dunkeln Erdtheil die Mittagslinie ein breiteres Festland schneidet, während sonst über zerstreute Inseln hinlaufend, oder durch schneeige Gebirgsketten in der ihr specifischen Wirkungsweise abgelenkt.

Was nun bisher als Paradigma gelten sollte, (in der Neger-Physiognomie), war das Resultat der an den damals allein zugänglichen Küsten angestellten Beobachtungen, indem, was früher ausserdem hinzugezogen werden konnte, in den Sudanländern am oberen und mittleren Niger für seine ethno-anthropologische Originalität (auf Grundlage geographischer Provinz) bereits mannigfachen Zersetzungen unterlegen hatte, in Folge geschichtlicher Bewegung.

Augenblicklich erst, in den allerletzten Jahren, haben die Triumphzüge unserer Entdeckungsreisenden den echten Charaktertypus des noch unberührten Innern in den Congoländern (auch bei Monbuttu, in Adamaua etc.) zur Anschauung gebracht, und hier unter den begünstigten Verhältnissen, wo Pogge, Wissmann, Kund, Tappenbeck, Flegel, Schweinfurth den Africaner oder Neger gesehen, hier zeigt er, in seinem weiten Abstand von dem Neger sumpfiger Delta-Niederungen, diejenigen Uebergänge, welche von den Fundj (s. Hartmann) zu den Retu auf Fragen über altägyptische Cultur fortführen könnten (in

weiterer Wechselwirkung mit dem Einströmen asiatischer Ge-
schichtswellen).

Wenn ein vom akademischen „Federwald" (Han-lin-yuen)
nach Tatsin oder Fulin ausgeschickter Reisender oder ein „Pundit
von Upang" (1787) hundert Photographien des Bauernstandes,
ein anderer hundert aus aristokratischen Kreisen zurückbrächte,
so würde es für das richtige Mittel einiger Hundert weiterer
des Mitteldurchschnitts bedürfen, zum Abriss des Mittelmenschen
(Europa's), für das Verständniss der Bezopften unter den „schwarz-
haarigen" Kindern der Han (zu den Lissotriches Euthycomi gerechnet). In jedem Lande leben die unteren Schichtungen des
Volkes unter verschiedenen Verhältnissen (physischen, sowohl
wie psychischen) und einförmigeren, als die oberen, und obwohl
die topischen Verhältnisse der geographischen Provinz hier dieselben zu bleiben pflegen, treten ihre übrigen Agentien doch
ebenfalls bereits in volle Wirksamkeit, wie deshalb desto durchschlagender frappiren muss, wenn bei räumlich comparativer
Ueberschau noch durch klimatisch reale Verschiedenheit direct
unterstützt (und zum markirten Ausdruck gebracht). Mit der
Entwicklung, in Anschluss (bei der Pflanze) schon an mittlere
Tageswärme (b. Adanson), beginnt die starre Form zu zerfliessen
in jenes dynamische Spiel, das aus den Wechselwirkungen seine
gesetzlich passenden Banden selber proclamirt, (beim Wachsthum der Organismen). „Das vergleichend anatomische Studium
der Blattorgane muss nothwendig eine weit grössere Menge
von Anhaltspunkten zum Verständniss der wichtigsten pflanzengeographischen Fragen bieten, als das rein physiognomische"
(s. Tschirch), und zur Morphologie hinzutretend in der Rassenkunde wird die Physiologie ihre bei vergleichender Erweiterung
neu gewonnenen Aufklärungen aus directem Contact mit den
Natureinflüssen zu erklären befähigt sein können (nach Vor-
beschaffung des Materials).

Bei allgemein gegebener Gleichartigkeit der physikalischen
Agentien in den meteorologischen Processen haben sie unter
ihrer von solaren Einflüssen abhängigen Periodicität in fliessender
Umwandlung zu verlaufen, vom Pol zum Aequator oder vom
Aequator zum Pol auf der einen oder andern beider Hemisphären.
So oft hier nun aus tellurischer Bedingtheit, geologisch-topischer
Ursächlichkeiten, in jedesmal bestimmter Oertlichkeit ein Centrum
gemeinsamen Zusammenwirkens sich herstellt, ein Anziehungs-

punkt gleichsam, um welchen die Gesammtheit der Einzeln-Effecte
wirbelt, wird dieser in specifisch geprägter Ausdrucksweise, des
botanisch oder zoologisch angelegten Organismus, für die Auffassung desselben (nach dem „Principium identitatis indiscerni-
bilium") in die Erscheinung treten, aus einer $\H{v}\lambda\eta$ $\tau o\pi\iota\varkappa\acute{\eta}$ gewissermaassen auf der Index-Scala der geographischen Provinzen.
Was sich dafür dann der Untersuchung zu ihrem nächsten Aus-
gang bietet, wäre nicht die Ousia des Dinges, das $\tau\acute{o}$ $\tau\acute{\iota}$ $\acute{\varepsilon}\sigma\tau\iota$
(bei Aristoteles), die „Position eines Dinges" (bei Kant), sondern
(für die $\pi o\iota\acute{o}\tau\eta\varsigma$) das Spiel der Accidentien ($\sigma\upsilon\mu\beta\varepsilon\beta\eta\varkappa\acute{o}\tau\omega\varsigma$),
die detaillirt zerlegte Unterscheidung der Differenzen also, in
comparativen Uebersichtsreihen, nach der Beobachtungsweise
inductiver Methode (so lange sich aus gesetzlich erkennbaren
Wechselwirkungen Relationen ergeben, welche in rationelle
Rechnungsformeln eingefasst werden können). Beim Absehen
von der Essentia (im Absoluten) stellt sich zunächst die „incli-
natio ad existentiam" (bei Leibniz) als verfolgbar (in Aus-
entwickelung). Wenn solcherweis im secundär localen Umkreis
der Durchblick eines $\tau\acute{\varepsilon}\lambda o\varsigma$ angestrebt würde, bliebe sein von
Erigena supponirter Zusammenfall mit der $\dot{\alpha}\varrho\chi\acute{\eta}$ (als primär
innerhalb von Maass und Zahl), oder (neben $\sigma\tau o\iota\chi\varepsilon\tilde{\iota}\alpha$) stoischen
$\dot{\alpha}\varrho\chi\alpha\acute{\iota}$ (s. Diog.) dem ferneren Fortgang, im Lichte allmälig er-
hellender Aufklärungen, vorläufig anheimzustellen.

Der Philosoph der Scholastik, — „le philosophe, comme
elle l'appelle simplement" (s. A. Franck), — verweist das Zu-
fällige ($\sigma\upsilon\mu\beta\varepsilon\beta\eta\varkappa\acute{o}\varsigma$) in das Nichtige eines Nicht-Seins, mit der
Ursächlichkeit im Unbestimmten ($\dot{\alpha}\acute{o}\varrho\iota\sigma\tau o\nu$), um deshalb eben des
Zufalls Spielereien überlassen zu bleiben, denn „aucune science
ne s'occupe de l'accident" (s. Ravaisson), — in damaliger Zeit.
Anders seitdem: the delicate and refined system of mathematical
reasoning, now generally known as the „Calculus of Probabilities"
(s. Herschel), sich das Ziel gerade darin gesetzt hat, auch die
Unbestimmtheiten eines Zufälligen in gesetzliche Fesseln einzu-
fassen, unter dem „loi des causes accidentelles" (s. Quetelet), denn
$\lambda\acute{\varepsilon}\gamma\varepsilon\tau\alpha\iota$ $\delta\grave{\varepsilon}$ $\varkappa\alpha\grave{\iota}$ $\H{\alpha}\lambda\lambda\omega\varsigma$ $\sigma\upsilon\mu\beta\varepsilon\beta\eta\varkappa\acute{o}\varsigma$ ($\sigma\upsilon\mu\beta\varepsilon\beta\eta\varkappa\acute{o}\varsigma$ $\varkappa\alpha\vartheta'\alpha\dot{\upsilon}\tau\acute{o}$), und so
für die Zahl erprobter Probabilitätsrechnung giebt es keinen
Zufall (nach dem Dichterwort).

Im „Zusammenhang aller Dinge" ist der physische Mechanismus einer organischen Verkettung durch den psychischen Process
des Verständnisses zu zergliedern, aus der $\dot{\varepsilon}\pi\iota\sigma\acute{\upsilon}\nu\delta\varepsilon\sigma\alpha\varsigma$ (der Stoa)

b

in (Berkeley's) inductiver Logik (bei Mill). Le calcul des probabilités (la relation qui existe entre cette branche de la science et celle de la physique, dont les causes efficientes forment l'objet, d'une part, et la théologie naturelle, qui rapporte les phénomènes aux causes finales) „lies at the root of all philosophical inquiry" (s. John F. W. Herschel), im Fortgang von den bewirkenden Ursächlichkeiten zu verursachten Zielrichtungen (bei Durchbildung einer naturwissenschaftlichen Psychologie). Die Statistik, als „methodisch inductives Verfahren zur Auflösung und Erklärung des Mechanismus der Menschheit und der Natur" (A. Wagner), hat zwei bisher getrennte Forschungszweige zu vereinigen (in der Durchdringung von Geographie und Geschichte). Als „die Methode der Buchhaltung auf die Gesammtheit des allgemeinen Entwicklungslebens angewandt" (s. Oncken), entnimmt die Statistik dieser Methode ihre Existenzberechtigung, denn bei der allgemein angezeigten Verwendung dieser „logischen Methode der objectiven Induction" würde der Versuch, eine selbstständige Wissenschaft zu umschreiben, auf eine „Universalwissenschaft" gerathen müssen, und in solcher Tautologie dann wieder auf die Methode reducirt bleiben (für das Specifische der Bezeichnung).

Wir erfassen die Ursächlichkeiten erst dann, wenn sie, aus dem in (Mutuhei's) schweigendes Geheimniss gehüllten Ἀνόρατον (eines „Bythos" oder „Kumulipo") an das Tageslicht tretend, in die Capacität sinnlichen Bereiches fallen für den (durch Instrumente mikroskopischer Detaillirungen) verschärfbaren Einblick des νοῦς (von νοέω, optisch oder acustisch), und bis zum Verschwinden über den Horizont deutlicher Sehweite hinaus, mag sich dann das vor den Augen ablaufende Spiel der Wechselbeziehungen verfolgen, um diejenigen Gesetze abzuleiten, die für Früheres und Späteres ihre Gültigkeit bewahren mögen. Im Dunkel der Mutternächte (im Kreisen polynesischer „Po") verhüllt sich der Anfang, und das Ende in jener durch Blendung das Sehlicht ertödtenden Finsterniss unzugänglichen Lichtes (bei Dionys Areopagita) des Tassawouf (En-Nassrabad's), wenn unbedacht (über irdische Fähigkeiten hinaus) die Intuition mystischen Schauens angestrebt wird.

Nur innerhalb der vom Gesichtskreis umfassten Peripherielinie, (innerhalb des Horizonts deutlicher Sehweite), ist klares Verständniss ermöglicht, für logisches Rechnen, obwohl die auf

thatsächlichen Stützen des „Gegebenen" erlernten Operationen
dann sich erweitern mögen (im ὅδος ἄνω καὶ κάτω) abwärts in
die negativen Zahlen hinab, und aufwärts zum höheren Calcul
(des Unendlichen). Il se passe´ici quelque chose de mystérieux
qui cesse de surprendre quand on examine les choses de plus
près (s. Quetelet).

Wenn in selbstgestellten Fragen über das Geheimniss des
Daseins das Denken seines Räthsels Lösung sucht, wird ihnen,
weil in dem Werdeprocess (der Physis) subjectiv mithinein-
verschlungen, zunächst die Aufgabe der Objectivirung gestellt
sein, um fest umschriebene Anschau zu sichern, — im Ansatz
an thatsächlich Gegebenes (für psychische Erkenntniss).

Die Physis und Psyche vermittelnde Brücke psycho-physischer
Beobachtungen leitet zurück bis auf diejenigen Anfänge des Organischen, wo ursächliche Wechselwirkungen noch durchdringbar
sind, also zu dem Gleichgewicht jedesmaligen Organismus mit
den physikalischen Agentien seiner Ursprungswelt (in der geographischen Provinz).

Was sich hier nach comparativ - genetischer Methode der
Induction als auffassbar erweist, sind vorläufig nur die Differenzen,
welche in Reihen nebeneinander, zu vergleichender Ueberschau
sowohl, wie in den Phasen der Entwicklung, aufzustellen und
für die Formeln rationeller Agentien der Berechnung (im logischen Process der Dialektik) vorzubereiten sind, und so mag
mittelst einer Differentialrechnung einstige Integrirung erhofft
werden (nach Einführung der Psychologie unter die Naturwissenschaften). Auf der Scala der Geschöpfe, von Pflanzen und
Thieren, steigt der Gedankengang empor zum Menschen, wenn
in dessen Geiste der Schöpfungsgedanke sich wieder zu spiegeln
beginnt, innerhalb der vom Bewusstsein erhellten Atmosphäre
der Gesellschaftswesenheit (für das Zoon politikon), und hier
sind die ethnischen Typen zu markiren, im Ueberblick der
anthropologischen Provinzen, innerhalb jedesmal ethnologischen
Horizontes (auf dem zum Wohnsitz angewiesenen Planeten solaren
Systems).

Seit den durch Pascal vorgezeichneten Grundzügen verlangt
die Wahrscheinlichkeitsrechnung, als „le bon sens réduit à un
système de calcul" (bei Laplace), unter ihren statistischen Vor-
aussetzungen auch eine Gedankenstatistik (s. der Mensch in der
Geschichte III, S. 428), und somit, als Vorbedingung dieser,

wieder eine Materialansammlung zunächst, aus den von der Ethnologie neu eröffneten Beobachtungsgebieten (seit der Abrundung des Globus im Entdeckungsalter). „Les phénomènes moraux, quand on observe les masses, rentreraient en quelque sorte dans l'ordre des phénomènes physiques" (s. Quetelet), so dass lange und oft gesuchte Fragen hier einer Lösung entgegen gehen könnten, nicht einer theoretischen allein, sondern praktischen zugleich, um die unter socialen Wirren zusammengebrochenen Stützen der Ethik neu zu festigen und zu sichern, aus den Rüsthäusern der Naturwissenschaften (nachdem auch die Psychologie in ihre Reihe wird eingetreten sein).

Niemals in der Geschichte der Philosophie zeigte sich „un plus puissant effort de la pensée pour se rendre compte de l'idée de Dieu" (s. M. J. Denis), als in den Bemühungen der alexandrinischen Kirchenväter (unter Vorbereitung des Dogma der Trinität), in jener Geschichtsperiode, als auf dem Sitz altägyptischer Civilisation die Gedankenwelten Plato's in ihrem neuen Gewande (durch Plotin) mit denen des, bis auf spätere Jahrhunderte nachwirkenden, System's aristotelischer Schule in Einklang zu bringen gesucht wurden, unter den (durch damalige Handelsbeziehungen) bemerkbaren Einflüssen indischer Lehren (seit Ammonius Sakkas), wie schon von Hystaspes (s. Amm. Marc.) mit demjenigen verquickt, was sich unter dem Namen der Magie (für den Mazdeismus) durchbildete (in mystisch-symbolischen Vorstufen der Naturforschung). Auf anthropomorphischem Standpunkt, von dem aus die Betrachtung — da „die Erkenntniss Gottes die Selbsterkenntniss des Menschen" (s. Feuerbach) — heranzutreten hat, reflectirt sich bis in die erste Hypostase, zur συνόλος οὐσία (bei Thom. Aq.), als Vater-Unser oder Mungan ngaur (bei Kurnai), der Persönlichkeitsbegriff, der aus zugehöriger Sprache durch den Logos dasjenige schafft, was im Geiste vorgedacht war (in einem κόσμος νοητός). So oft dann bei bedrohendem Absterben durch verknöchernde Glaubenssätze ein ewig-junges Lebensprincip frische Schossen hervortreibt, wird unter periodischer Zerstörung des Alten momentan „tabula rasa" bald hergestellt erscheinen. Wenn hier nun eine als materialistisch bezeichnete Zeitrichtung in frisch-fröhlicher Unbefangenheit an die Ursprungsfragen herantritt, so zeugt das von innerlichem Bewusstsein einwohnender Kraft, die dem Menschengeist gestellten

Aufgaben bewältigen zu können. Dass jedoch die alten Burg-
festen, in denen das Geheimniss des Seins sich verschanzt hat,
im ersten Anlauf nun einmal nicht zu nehmen seien, dürfte aus
bisherigen Erfahrungen als genugsam erwiesen gelten, um die
nochmalige Schule der Enttäuschungen zu sparen. Im Erbtheil
der Culturgeschichte darf das bereits gewonnene Wissenscapital
nicht unbenutzt vernachlässigt werden, sonst wird bald das
Grübeln, in Subtilitäten verstrickt, in alle jene Schwierigkeiten
zurückgefallen sein, mit denen sich die Scholastik jahrhunderte-
lang abgequält hatte, bei ihrem „Principium individuationis", einer
„Materia quanta" (cf. Aegidio Colonna), und der „Universalia ante
rem" oder „post rem", unter theilweis durch arabische Version
(seit Averrhoes) missverständlicher Auffassung dessen, was der
Altmeister für beide darzulegen und zu unterscheiden versucht
hatte, — in denjenigen Erörterungen über Materie und Form, die
mit der Entwicklung der modernen Philosophie in den Hinter-
grund getreten sind, da die Unterscheidung *n'a pas été conservée*
„in terminis" par l'école cartésienne (s. Rémusat), bei dem
Wunsch nach Befreiung von lästigen Beigaben, einer „multitude
des questions oiseuses" (s. Hauréau). Φανερόν δὲ ἐκ τῶν εἰρημενῶν,
ὅτι τὸ μὲν ὡς εἶδος ἢ ὡς οὐσία λεγόμενα οὐ γίγνεται, ἡ δὲ σύνοδος
ἡ κατὰ ταύτην λεγομένη γίγνεται (s. Aristot.).

Die Lebensklugheit des Vogel Strauss, (und seines theo-
logischen Namensvetters), der den Kopf in den Busch steckt,
die Schwierigkeiten nicht zu sehen, mag sich durch ihre Be-
quemlichkeit empfehlen, aber zu eigenem Besten wohl kaum
(nach der Jägerpraxis), so dass der „neue Glaube", wenn auch
ein „guter" (subjectiv), sich als guter schwerlich stichhaltig erweisen wird (für die Objectivität der Induction).

Bei der Solidarität der Interessen durch Raum und Zeit
wird die heutige Weltanschauung, welche den Globus in seiner
Gesammtheit überblickt, auch bisher fremd gebliebene Ideen-
kreise in ihren Horizont hineinzuziehen haben, zunächst aber
wenigstens an Demjenigen festhalten müssen, was in der Ent-
wicklungsphase eigener Cultur durch jahrtausendjährige Gedanken-
arbeit bereits gesichert war. Allerdings finden wir uns im Besitz
einer weitaus vervollkommneteren Methode und werden deshalb, mit ihrer Verwendung, die zuversichtliche Hoffnung hegen
dürfen, zu befriedigenderen Resultaten zu gelangen, wenn auf
dem Forschungsweg der Ausgangspunkt genommen wird von

dem bereits erlangten Stufengrad, wogegen, wenn stets erst wieder von primärer Eins beim Zählen beginnend, wir in jeder Generation (für, ihres Algorithmus noch entbehrende, Unendlichkeitsreihen) nicht viel weiter kommen werden, als unsere Vorfahren (im logischen Rechnen), denn das Machtgebiet des Psychischen selbst ist im Uebrigen das gleiche geblieben, wie vormals, weder ein weiteres, noch ein anderes, — kein Tüttelchen verschieden (wie sich aus den ethnischen Parallelen zum Ueberdruss mehr und mehr erweist). Deshalb bei der Gesellschaftswesenheit des Menschen (als Zoon politikon) bedarf es zunächst einer Gedankenstatistik, eines comparativ-genetischen Ueberblicks des Inventars, um festzustellen, was und wie von dem Menschengeist auf Erden je gedacht ist, in den niedern Stadien erster Denkregungen sowohl, wie dann, wenn in seinen höchsten Schöpfungen das Denken sich von Ahnungen durchweht fühlte, so oft es an jedesmal soweitigen Grenzen seiner Sphäre die Berührung mit jenseitiger anzunähern begann.

Bei der Entwicklung, als Ausentwicklung, liegt vorauf dasjenige Entstehen, was in dem Vorhandenen als Gegebenes entgegen zu nehmen ist, wie in der physischen Schöpfung, so in der Ethik moralischer Bande, welchergestalt sie die Gesellschaft verknüpfen, und damals bereits bestanden, als „Homo homini lupus“, — der Mensch gesellschaftlicher Wesenheit nämlich (bei richtiger Fassung) als Zoon politikon, so dass der „Bellum omnium contra omnes“ schon in Clinias' Auseinandersetzung (s. Plato) stammesweis geführt wurde, zwischen den, für ihr eigenes Bestehen, in innerlich einheitlichem Gleichklang abgeglätteten, Friedensgenossenschaften (beim Hordenzustand).

Auf Grund von derartig bei dem Vorhandensein Gegebenem, mögen dann, mit Einleitung von Connubium und Commercium, die Fünfstämme am Murray oder an huronischen Seen unter dem Schutz eines Dius Fidius (als Zeus Xenios) ihren amphiktyonischen Bund (zu einer Pentapolis) zusammenschliessen, und die weitere Evolution liesse sich schematisch nach den im „Leviathan“ (bei Hobbes) oder im „Contrat Social“ (bei Rousseau) bevorzugten Theorien auseinandersetzen, im „Egoism, sentimental Altruism, Utilitarianism, Rationalism, Evolutionistic Ethics“ (s. Courtney), während die Wurzel eingesenkt liegt in harmonischen Weltgesetzen, bei deren aufdämmerndem Durchblick die Gewitterwolken nächtlich einbrechenden Chaos' (in socialistischen

Fragen) durch die neu emporsteigende Sonne eines organisch
entfalteten Verständnisses verscheucht sein werden, zum Besten
und Heil des Gemeinwesens (nachdem die Begründung einer inductiven Behandlung der Psychologie auf naturwissenschaftlichen
Unterlagen vorherige Sicherung erhalten haben sollte).

In Lust und Leid regelt sich das Leben (der Epikuräer)
für subjective Auffassung vom Guten und Bösen, so dass dem
ethischen System der Egoismus zu Grunde liegt (bei Hobbes) im
„Hedonismus“. Dieser Egoismus aber des „Einzigen“ (s. Stirner)
fällt, bei dem Menschen, in seinen typischen Charakter als Gesellschaftswesen, und begründet somit für die integrirenden Theile
(die Individuen) deren Verpflichtungen in gegenseitig verant-
wortlichem Zusammenwirken für das Wohlsein der Gemeinschaft
(im sympathischen Grundklang neurologisch schon abgestimmt).
Unbewusst in die gesellschaftlichen Bande (als die Existenz
selbst vorbedingende) hineingewachsen, werden sie beim Erwachen des Bewusstseins von dem Einzelnen als für ihn gebie-
terischer Pflicht (s. Kant) verstanden werden (im Begreifen der
physischen Gesetze als moralische zugleich). „The moral life
is to such an extent the antithesis of the natural life, that
it appears to involve the supervention of some higher force“
(s. Courtney). „Eine geheime Beziehung waltet ob zwischen der
Einrichtung des ganzen Weltalls und unserem intellectuellen
Erfassen desselben“ (s. H. J. Klein), in Wechselwirkung zwischen
Ayatana und Aromana (bis zur Erkenntniss des Dhamma durch
Mano). Benevolence can never be free from partiality and sel-
fishness till we take our station in the divine Nature and view
everything from thence (s. Hartley). Zu dem im Ich gegebenen
Ausgangspunkt (bei Fichte) tritt die objective Ergänzung in der
„Identitätsphilosophie“ (Schelling's), unter dem Ueberragen des
Geistigen (bei Hegel), und mit Zulassung negativer Grössen (im
logischen Rechnen) kommen dann die Gegensätze ins Rollen
(zwischen Maya und Nirvana) bis zur Feststellung des Grenz-
begriffs (bei Kant).

Eingesponnen in harmonische Gesetze, wird, wie jedes
Schaffen in der Natur, auch das psychische ein typisches sein
müssen, und hier tritt die Bedeutung Dessen entgegen, was der
Ethnologie als Aufgabe gestellt ist, um in echt treuen Originali-
täten Dasjenige zu fixiren und (ehe zu spät) zu sichern, was
über die Erde hin der Völkergedanke gestaltet hat, so lange in

ungestört einheitlichem Wirken unter gefälligen Formen (des allgemeinen Eindruckes) manifestirt. „The recognition of the perfect adaptation reveals itself to our feelings as aesthetic satisfaction" (s. L. Stephen), wie in denjenigen Sammlungen der Museen bewiesen, welche von den Entdeckungsreisenden heimgebracht sind, aus den von ihnen zuerst erschlossenen Punkten der verschiedenen Continente. Je ungestörter der Naturstamm dort angetroffen wird, unter den geographisch gegebenen Verhältnissen seiner anthropologischen Provinz, desto mehr werden seine Productionen den Stempel eines einheitlich abgeschlossenen Ganzen tragen, desto deutlicher werden sie reden von den physikalischen Agentien der Umgebung, als Ausdruck der geographischen Provinz, und oftmals zugleich derjenigen Einflüsse, welche auf den für die topische Lagerung (des Stammsitzes) geschichtlich vorgeschriebenen Bahnen zugeführt sind (innerhalb des ethnischen Horizontes). Nachdem die, von Jahr zu Jahr anschwellenden, Wogen unseres internationalen Verkehrs einen, bis dahin, abgetrennt verbliebenen Kreis primären Völkerlebens bereits gestreift haben, so sind damit ablenkende Störungen eingefallen, welche in Folge des unvermittelt plötzlichen Eingriffs zunächst in Degenerationen zur Auffassung kommen, obwohl sie später, falls unter begünstigten Umständen organische Verarbeitung ermöglicht ist, veredelnd nachwirken mögen (auf höherer Entwicklungsstufe). Um nun Dasjenige aber, was im Gange historischer Evolution zur Ausentwicklung gelangen mag, im Zusammenhang seines Wachsthumsprocesses (psychischer Organisationen) richtig zu verstehen, bleibt die Kenntniss primitiver Vorstufen, (relativer Urtypen oder idealer Vortypen so zu sagen), eine unerlässliche Vorbedingung und Voraussetzung, und wenn es, in kurz nur noch der Arbeitszeit vergönnter Frist, hier und da glücklich noch gelingen sollte, eine Spannungsreihe ethnischer Elementargedanken dem drohenden Untergang zu entreissen, so würde damit für die Geschichte der Menschheit eine thatsächlich gesicherte Unterlage für inductive Behandlung gebreitet sein, indem, aus den Schöpfungen der auf früheren Stadien angetroffenen Naturstämme, ein comparativer Ueberblick erklärende Lichtblicke zu werfen vermag auf diejenigen Vorkeime, aus denen die gegenwärtigen Blüthen der Cultur entfaltet vor Augen stehen (in dem für eigene Nationalität „weltgeschichtlich" gezogenen Gesichtskreis). Je mehr

deshalb im ethnisch engen Kreis der getreue Reflex geographischer Umgebungswelt erkennbar sich spiegelt, desto eher, bei
bereits (in den Naturwissenschaften) erlangter Beherrschung physischer Gesetzlichkeiten, bleibt, zum Anschluss der psychischen,
eine hoffnungsvoll beruhigende Aussicht auf orientirende Leitungs-
wege für das Vordringen in ein noch brachliegendes For-
schungsgebiet, — dasjenige nämlich, welches bei der Lehre
vom Menschen (als Gesellschaftswesen) für die Psychologie ihre
naturwissenschaftliche Behandlung verlangt (auf ethnologischer
Grundlage).

Juli 1886.

Dass derjenige Standpunkt der Beobachtung, auf welchem die Schöpfungen des organischen Naturreiches nach ihrer Vertheilung unter die geographischen Provinzen vor Augen treten, seit dem Entdeckungszeitalter erst der Forschung geboten sein konnte, erklärt sich als selbstverständlicher Satz, ohne weiterer Beweisführung zu bedürfen.

Obwohl einige der hier leitenden Grundzüge in Hippocrates' classischer Schrift: de aëre, aquis et locis (περὶ ἀέρων, ὑδάτων, τόπων), und auch bei Plinius sich angestreift finden, fehlte zunächst doch das der Induction erforderliche Hülfsmittel der Vergleichung, welches dann erst gewährt war, als mit Erweiterung des Gesichtskreises über das gesammte Erdenrund die Gesammtheit auch der klimatischen Verschiedenheiten, nach ihrer verschiedenen Wirkungsweise, zur Betrachtung gelangte.

Wir stehen hier, wie überall in der Neuzeit, jenem Grundproblem gegenüber, das die Deduction, in dialectischer Weltauffassung und Weltgestaltung, von der Induction unterscheidet, in sogenannt naturwissenschaftlicher Methode, welche für ihre Auffassung der Welt dieselbe vorläufig so gestaltet entgegenzunehmen hat, wie es der thatsächliche Befund erweist.

Mit den eigenen Denkoperationen ein Räthsel, in jenem X, dem im Fortgang logischen Rechnens erst ein fester Ziffernwerth substituirbar sein mag, hat der im Subjectiven befangene Menschengeist in erster Aufgabe sich den objectiven Aussagen zuzuwenden, um für seine Rechnungen einen Ansatz überhaupt gegeben zu erhalten, im „Gegebenen" eben (dem δεδομένον, mathematischer Prämisse), — denn bei den Existenzialsätzen des ὅν ᾗ ὅν (Aristoteles) entscheidet (zur Position) die Gültigkeit (Kant), unter vorher thatsächlicher Belegung (durch die Induction). Imprimis quid sit „datum" statuere necesse est (s. Maximus), τὰ δεδομένα (Euklid's).

Als, aus alchymistischen Träumereien der Metallumwandlung erwacht, die Chemie mit offenen Augen um sich zu schauen begann, als der täuschende Wahn, durch den Zauberschlüssel magischen Steins die Geheimnisse des Urelements zu erschliessen, mit seinen Enttäuschungen entflogen war, da lagen in den Elementen die provisorischen Grenzen der Forschung festbestimmt vorgesteckt, und jetzt galt es treue und ehrliche Arbeit, von den einzelnen Elementen in gehäufter Zahl jedes einzeln in Angriff zu nehmen, unter „Theilung der Arbeit" zwischen den ἐπιστῆμαι ἐν μέρει λεγομέναι (bei Aristoteles). Mit Eindringen in das Detail mehrt sich die Arbeit dann, statt zu mindern, aber „mit unserer Arbeit wächst der Werth unsers Erwerbs" (s. Heinrich Ritter).

Die solcherweis von verschwisterter Naturwissenschaft — und zwar von derjenigen gerade, welche den Triumphzug der Induction siegreich eröffnet —, die von ihr in bittrer Schule der Erfahrungen gewonnene Ueberzeugung, möge sie den Mitstreitern auf naturwissenschaftlichem Forschungsfelde zur Lehre dienen, um den trügerischen Lockungen zu entsagen, die unter vielfältigem Mummenschanz in der Naturphilosophie geäfft, und neuerdings aufs Neue in einem nach der Mode des Zeitgeschmacks zugeschnittenen Gewande orakelnde Weisheit reden.

Gleich zündend erhellendem Blitzschlag traf auf die Mitwelt jenes neue Evangelium, das in der „Genesis of species" in das Getriebe des Naturwaltens unerwartete Einblicke eröffnete, diese gereifte Frucht eines der Naturforschung gewidmeten Lebens, das in der Jugend activen Felddienst geleistet, das dann im Alter mit den Resultaten umsichtig bedächtiger Meditation die Zeitgenossen beschenkte.

Wenn, durch Ueberfülle ausströmenden Glanzes momentan geblendet, enthusiastische Begeisterung hier aufs Neue die Feste des Lebensräthsels im Sturmschritt erobern zu können Hoffnung fasste, wird auch diese bald verweht sein, wie so manche im Laufe der Weltgeschichte, denn langsamer treuer Arbeit nur winkt der Lohn dauernden Verdienstes.

Soweit bei der Transmutationslehre (einer Descendenz oder Ascendenz) neben Pflanzen und Thieren der Mensch in Frage kommt, wird durch seine Doppelspaltung in physische und psychische Hälfte von vorn herein eine Sonderstellung dadurch verlangt, weil der ihm specifische Charakter einer Gesellschaftswesenheit (als Zoon politikon) das Individuum in die geschichtliche Sphäre überführt.

Durch einen erfolgreich eingeschlagenen Untersuchungsgang ist es der Psychophysik gelungen, zwischen Physiologie und Psychologie lang gesuchte Stege zu schlagen und so eine einheitliche Auffassung zu gewinnen für das Einzelnindividuum. Dieses selbst dagegen wieder verlangt, für richtiggestellte Einordnung als integrirender Theil eines höheren Ganzen, dessen Abschluss im Voraus, also den Vorbegriff des Menschen als Gesellschaftswesen.

Damit bedingt sich der veränderte Gesichtspunkt, wie er in Folge der Durchdringung naturwissenschaftlicher und geschichtlicher Forschung in der Ethnologie sich eröffnet. Eng angelehnt an die Anthropologie, wird die Ethnologie dieser wohlgerüsteten und wohlgeübten Bundesgenossin die Grenzstreitigkeiten mit der Zoologie unbekümmert überlassen können, um sich ihrerseits unbehindert dem Geistesreich zuzuwenden, um vertrauensvoll hinauszuschiffen in das dunkel wogende Meer der Denkschöpfungen, wo so manche Barke philosophischer Pfadfinder spurlos versunken ist.

Froh schwellenden Andranges voll, mag die Ethnologie muthig das Steuer erfassen, den leitenden Sternen zu folgen, die ihr zu blinken begonnen; sie braucht selbst kühnes Wagniss weniger zu scheuen, seit sie ihre Kräfte anwachsend gefühlt, denn wenn bedroht von jenen Strudeln phantastischer Verblendung, auf denen die Denkerschiffe speculativer Befrachtung fortgeschwemmt zu werden pflegen, dann bleibt ihr der Rückhalt an festgesicherte Naturwissenschaft, der Rückhalt an die Anthropologie, auf deren Stützen sie ruht.

Und hier, zum Ausgangspunkt der Forschung, führt ihr Weg auf die geographische Provinz, auf die Wurzeln, die das Organische geschlagen in den physikalischen Agentien der Umgebung (den „natural environments", ihres Milieu oder Monde ambiant), und somit ist als Unterlage gebreitet jenes unerschütterliche Fundament, das fest gezimmert dasteht in der Physik, der Naturwissenschaft κατ' ἐξοχήν, der Wissenschaft eben von der φύσις (des Werdens im Sein).

Als erste stellt sich also die Aufgabe, den Thatbestand der
geographischen Provinzen einzuregistriren, wie beim Ueberblick
des Erdballs gelehrt, — der geographischen Provinzen mit den
übereinander geschobenen Kreisungen der botanischen und zoologischen Provinzen, sowie daneben dann der anthropologischen
Provinzen innerhalb jedesmalig ethnologischen Horizonts.

Nachdem unter streng methodischem Arbeitsfortgang, im
Ringen mit den einzelnen Elementen, einem jeden derselben
seine Geheimnisse abgezwungen sind, ein jedes also durch die
erlangte Kenntniss aller Eigenschaften in Unterwürfigkeit gefallen ist, nachdem so die Beherrschung erlangt ist, bleibt der
dadurch mit dem Apparat zuverlässiger Thatsachen ausgerüsteten
Chemie — um die 1668 schon gestellte Frage (determinatusne est
numerus Elementorum?) zu beantworten (in Boyle's Sinn) — der
Weg stets offen, zu den Vereinfachungen zurückzukehren, wie sie
in einem „Système unitaire" (bei Gerhardt) sich abgleichen mögen,
soweit auf gesicherter Unterlage möglich. Und ähnlich mag die
durch das Studium der aus den geographischen Provinzen her-
auslesbaren Angaben belehrte Ethnologie späterhin sich befähigt
fühlen, die Ursprungsfrage selbst in Angriff zu nehmen, während
frühzeitig unreife Versuche das bereits Klargestellte wieder zu
verwirren drohen. Nach Bemeisterung der elementaren Rechnungsoperationen hat die Mathematik sich später an die Infinitesimalrechnung wagen können, während vorher die Aspiration
nach dem Unendlichen nur in dem Abracadabra mystischer
Zahlensymbolik sich bewegte. Der grosse Meister, dem die Re-
form der biologischen Anschauungen zu verdanken ist, hat meister-
haft seine Methode dargelegt innerhalb eines, ἐπὶ παραδείγματος,
fest umschriebenen Spielplatzes, in Ableitung der Taubenrassen
von ihrer Grundform. Auch darüber hinaus lassen sich gesicherte
Anhalte noch bewahren, aus den Homologien vergleichender
Anatomie, aber hier müsste es dann der Schärfe des naturwissenschaftlichen Gewissens überlassen bleiben, wie weit eine Mischung
von Wahrheit und Dichtung erlaubt sei (um nicht in rein roman-
haften Erdichtungen auf den als überwunden geachteten Standpunkt der Naturphilosophie zurückzufallen).

Innerhalb der wandelnden Umgebungswelt der geographischen Provinz, im Klima, als „das Ganze aller äusseren natürlichen Zustände, wie „sie jeder Localität in Beziehung auf ihre
organische Natur eigen ist" (s. Forry), „chaque être a sa patrie

naturelle, dans laquelle il est retenu par nécessité physique"
(s. Buffon), „chaque espèce occupe sur le globe une région, dont
les limites sont fixées par des obstacles matériels" (s. Maury).
„Die Pflanze ist der Ausdruck der verschiedensten, ineinander
greifenden Bewegungen der anorganischen Natur, denen ihre Entwickelung sich anpasst" (s. Grisebach), und zu untersuchen, „wie
die Lebensbedingungen auf die einzelnen Thiere und ihre Organe
wirken müssen, um zurückschliessen zu können auf die physiologischen Ursachen des Enstehens verschiedener Thierformen,"
ergiebt sich als Aufgabe des Zoologen (s. Semper). Every species
at every period was created as most perfect in relation to the
circumstances and sphere of life, in which it was destined to
exist (s. Owen), und für die geographische Provinz liegen die
Wurzeln der Schöpfung in physikalischen Agentien (der Umgebung). Deus sive Natura (s. Spinoza).

Bei gleicher Mitteltemperatur mag die (aus der Eiszeit er-
klärte) Gleichartigkeit der Arten auf den Alpen und Polar-Re-
gionen hervortreten, obwohl, wie in Mexico (s. Grisebach), ohne
vollständige Identität der Arten, da, obwohl der Wärmefactor
in beiden geographischen Provinzen derselbe sein möchte, diese
doch den übrigen Agentien nach noch von einander differiren
(und so also auch in den hervorgerufenen Producten).

An Stelle der von Cuvier, in Durchbildung von Linné's
Systematisirung, gesetzten Typentheorie, wie von Agassiz in
paläontologischer Rückführung erweitert, setzt die darwinische
Auffassung nur Individuen, in ihrer genealogischen Herleitung,
von einfachsten Anfängen ab. Da sich hier nun aber Anord-
nungen benöthigen, unter hypothetischen Zulassungen, würde für
controllirende Rectification derselben ein gesicherter Ausgangspunkt gegeben sein müssen, der als sein nächst Gegebenes die,
in Wechselwirkung mit ihrer geographischen Umgebung, mehr
oder weniger fixirt entgegentretenden Typen vorläufig festzuhalten
hätte, um die Rechnungen (im logischen Denken) überhaupt beginnen zu können, — vorbehaltlich aller derjenigen Weiterfolgerungen, die sich gesetzlich rechtfertigen möchten, um in
Ursprungsfragen ferner vorzudringen (zur Herstellung einer monistischen Weltanschauung); und damit der Denkprocess sich
selbst verstehe, bedarf es für ihn zunächst einer inductiven Behandlungsweise der Psychologie (um sie in die Reihe der Naturwissenschaften hinzuzufügen).

Von der Einheit des Menschengeschlechts führte das Dogma leicht weiter auf die Einheit der Abstammung, der indess unerwartete Schwierigkeiten zwischengeschoben wurden, als jenseits bisher unbeschiffter Meere die Erdumsegelungen auf fremde Rassen stiessen, und indem die neu erschlossenen Zonen zugänglich wurden, aus ihnen nun eine Verschiedenheit prägnanter Typen in buntester Mannigfaltigkeit entgegentrat, um elementare Ansatzpunkte für systematische Behandlung zu gewähren. Auch im Alterthum (besonders bei Ausdehnung des Römerreiches) fand oft genug eine Versetzung aus heissen Klimaten in kalte (oder umgekehrt) statt, aber hier immer nur innerhalb derselben (gemässigten) Zone, so dass, obwohl eine Verschiedenheit der geographischen Provinzen in Betrachtung kam, diese doch, als von secundärer Bedeutung nur, keine reinen Beobachtungsobjecte zu liefern vermochte.

Als jedoch die seit dem Entdeckungszeitalter sich aus den verschiedenen Continenten ansammelnden Materialien, in ihrer Vielgestaltigkeit neuer Fragestellungen, wie bereits den Orbis terrarum der Alten, so auch den classischer Terminologien durchbrachen, geschah es — Dank der Reduplication der Zonenverbreitung, vom Pol zum Aequator, in kurzer Zusammenfassung durch die Elevation —, dass bei der Besteigung des Ararats Tournefort's Gedanke auf jenen fruchtbaren Boden fiel, den Alexander von Humboldt dann für die botanischen Provinzen bebaute (und Agassiz, Murray, Wallace u. a. traten in den zoologischen hinzu).

Der leitende Grundsatz für geographisch typische Provinzen fällt in die Abhängigkeit des Organismus von seiner (geographischen) Umgebung (le Milieu oder Monde ambiant), in eine gegenseitig festgeschlossene Wechselwirkung, und also in Naturgesetze, mit denen sich rechnen lässt. Die Controversen über Monogenismus oder Polygenismus haben damit (weil Ursprungssagen betreffend) ebensowenig zu thun, wie die über die Wanderungen des Menschengeschlechts von einem Schöpfungsherde aus (wobei durch apriorische Construction die Wegerichtungen verundeutlicht werden, welche die Geschichte aus Folgerungen a posteriori als die factisch richtigen erkennen mag). Die Thatsache solcher Abhängigkeit, die Wechselwirkung zwischen Organismus und seiner Umgebungswelt, liegt praktisch bewiesen vor, in den Experimenten über Acclimatisation, bei Pflanzen und Thieren.

so dass der Analogienschluss auf ein ähnliches Verhältniss
bei den Menschen jedenfalls gewagt werden kann, vorbehaltlich
der späteren Ergebnisse, ob nun bestätigend oder widerlegend
(nachdem eben, wie gesagt, das Beweismaterial zusammengebracht
sein wird).

Dasselbe gilt für die mehr oder weniger lebensfähigen Resultate der Kreuzungen, je nach den Wahlverwandtschaften, und
wird aus künstlicher Züchtung, wie von den Landwirthen an den
Hausthieren erprobt, die geschichtliche für das Verständniss der
Rassen und ihre Bastardbildungen manche Anhaltspunkte entnehmen können.

Auf eine vergleichende Physiologie der Rassenkunde wäre
deshalb die Anthropologie für ihr Arbeitsmaterial hingewiesen,
zum Studium des Menschengeschlechts in der Mannigfaltigkeit
seiner Variationen über die Oberfläche der Erde hin. Bisher,
wie mehrfach bereits beklagt wurde, sind nur spärliche Beiträge
geliefert, nur hier und da einige aus der Union oder in den
Untersuchungen, welche Pruner Bey (in Aegypten) zu danken
sind. Um reichere Quellen zu öffnen, müsste die Mitwirkung
der in den Colonien stationirten Regimentsärzte gewonnen werden, um die in den dortigen Hospitälern angesammelten Erfahrungen zu verwerthen, wie im britischen Indien, im holländi-
schen Archipel, im französischen Indo-China u. s. w.

In Unterscheidung der Zonen kennzeichnet sich die geographische Provinz zunächst durch ihren bedeutungsvollsten Factor,
nämlich den der Temperatur, obwohl sie nicht von ihm allein
abhängt, sondern gleichzeitig durch eine Vielfachheit von physischen Agentien, für den Gesammteffect derselben, bedingt wird.
Als mitwirkende Factoren lassen sich aufzählen, neben der mari-
timen oder continentalen Lage des Ortes, die Luftelectricität,
Feuchtigkeitsverhältnisse, Windrichtungen, Hydrographie, Oro-
graphie, Geologie, Flora, Fauna u. s. w. Dabei erweisen sich
dann die horizontal oder vertical einander entsprechenden Zonen
durch die trotz solcher Identität hervortretenden Differenzen
vornehmlich instructiv.

Hier wird sich die Anthropologie mit der Meteorologie zu
verbrüdern haben im Anstreben eines gemeinsamen Zieles, nämlich für Errichtung meteorologischer Stationen auf den durch
die Colonialpolitik erschlossenen Tropenländern, um in streng
controllirten Beobachtungsreihen genügender Mengen eine zu-

verlässig fundamentirte Basis gebreitet zu erhalten. Ohne solche Stützen würde es nicht gewagt werden dürfen, anthropologische Schlussfolgerungen zu ziehen, bei dem schwerwiegenden Risico glücklichen oder elendiglichen Ausgangs, weil tief in das praktische Leben eingreifend, wenn die in Colonisirung oder Emigration gestellten Fragen ihre Beantwortung heischen. Manch vielversprechende Ausblicke beginnen sich zu eröffnen, bei dem mächtig pulsirenden Leben der Gegenwart, in rasch zunehmender Erweiterung des internationalen Gesichtskreises. Je mehr hier nun aber bisher (weil unbeachtet und deshalb unbekannt, somit auch) fremd verbliebene und fremdartig ausschauende Factoren in die Berechnung mit hineintreten, desto mehr gilt es, die Leitung in die Hände solcher zu legen, welche aus detaillirter Sachkenntniss jedesmaligen Einzelfalles dabei rathen und mithelfen können, da, wenn im Dunkel der Unkenntniss umhertappend, auch der beste Wille Gefahr läuft, schlecht zu machen, was gut gemeint war.

Bei kartographischer Niederlegung der geographischen Provinzen würden sie sich an den Peripherielinien ihrer Abkreisungen übereinander zu verschieben haben, zoologischen sowie botanischen, und auch anthropologischen, Begriffes nach. Für die Ausprägung der letzteren wären dann, dem in sie fallenden Mittelpunkt entsprechend, die zoologischen und botanischen Aussagen nur für diese geltend aufzunehmen, soweit in Fauna und Flora mitwirkend für den physiologischen Gesammteffect des (diesmal anthropologischen) Organismus. In allgemeiner Auffassung schildert die geographische Provinz, in botanischer Hinsicht besonders, nur die ungefähre Physiognomie der Umgebung für den ersten Eindruck des Beobachters, wogegen die scharfen Detailstudien erst einsetzen können, wenn auf die variirenden Erscheinungen der Species (oder des Genus) speciell zurückgegangen wird, in (monographischer) Einzelnuntersuchung, und werden dabei für den Homo, als an der Spitze der übrigen Schöpfungen, aus diesen allen die meisten (weil soweit sämmtliche) Agentien in Frage kommen (als Factoren inductiver Berechnungen).

Donnez-moi la carte d'un pays, sa configuration, son climat, ses eaux, ses vents, ses productions naturelles, sa flore, sa zoologie et toute sa géographie physique, et je me flatte de vous dire à peu près quel sera l'homme de ce pays et quelle place ce pays occupera dans l'histoire *(Cousin)*. Oft mag sich aus treffender Beobachtung einer ethnischen Vorstellung die Gesammtanschauung des Volkskreises reconstruiren lassen (wie aus einem Zahn das paläontologische Thier).

The North-American continent is divisible into several provinces, the most northern or Arctic region vz. the country lying north of the latitude of Slave lake, has been divided into two, that east of the Mackenzie river and that west of it, and the former of these, if not also the latter, has been divided into two smaller, north and south, districts, that bearing wood and that (the more northern, called the Barren Ground region), too desolate and cold for wood to grow upon. South of these northern districts the fauna indicates a tripartite longitudinal division and each of these stripes is capable of further local subdivision, according to its latitude and climate (s. Murray) in Abtrennung mehr als durch die Rocky mountains durch die Cascade-Range und dann Nebraska (bis Texas und Neu Mexico, „when a new province commences"). Every new fact relating to the geographical distribution of well-known species is as important to science as the discovery of a new species (Agassiz). These two, heredity and environment, are the master-influences of the organic world (s. Dawson).

Unendlich viele Localverhältnisse machen, dass dieselbe Pflanze an verschiedenen Punkten eines Berges oder von Bergketten auf sehr verschiedenen Höhen angetroffen wird (s. Shouw) und hier, wie bei der Verbreitung mit der in jedem Einzelfalle durch die Zona latitudinis umgränzten Wiederholung, wird, solange die Menge der physikalischen durcheinander kreuzenden Factoren mit den von aussen her wirkenden Agentien sich der Berechnung noch entzieht, zunächst oft das, in ihrem Effect organisch gezeugte, Resultat selbst, als Ausgangspunkt der Untersuchung zu nehmen sein (obwohl seinerseits gerade das eigentliche Ziel derselben).

Dass der Organismus sich seiner Umgebung angepasst erweist, käme auf einen Truismus hinaus, der allzudeutlich selber spricht, um eines Dolmetschers zu bedürfen. Der Fisch lebt im Medium des Wassers, der Vogel in dem der Luft, und ob das Wasser für den Fisch oder der Fisch für das Wasser sich als teleologischen End- oder Ausgangspunkt setzt, wäre der Streit über Priorität von Huhn und Ei. In Wäldern treten zu Luftvögeln die Klettervögel hinzu oder unter den Schwimmvögeln die Laufvögel auf nackten Ebenen, im Schlammmorästen verbindet sich das Auftreten mit Netzhäuten, und die Schwimmvögel fühlen sich wieder im feuchten Element so wohl, wie der Fisch im Wasser.

In Gegenden, die weder durch Pflanzen-Physiognomie oder durch geologische Formation einen durch dominirendes Ueberwiegen nach solcher Richtung hin durchschlagenden Charakter erhalten, in Gegenden also, die als gleichartig normal im Durchschnitt erscheinen, hängen specifische Unterschiede, die auf die organischen Productionen zurückwirken, in der Hauptsache von dem mit der Polhöhe horizontal, oder in der Elevation vertical determinirten Klima ab, unter dessen meteorologischen Processen besonders die Temperatur, als mitbedingter Factor, sich fühlbar macht, obwohl noch eine Mehrzahl anderer Agentien gleichzeitig herumspielen für den Gesammteffect der geographischen Provinz und deren Reflex in botanischer und zoologischer (unter den Brechungen der Variationen).

So werden auch bei dem Menschengeschlecht, als Einheit gesetzt, die Bruchtheile sich in den Gleichungsformeln mit den anthropologischen Provinzen nach den Verhältnisszahlen zum Ganzen herauszurechnen haben.

Je höher potenzirt der Organismus hervortritt, desto weniger wird er unter dem Einfluss von Einzelneffecten seines Milieu, durch diese einseitig gekennzeichnet sein, sondern vielmehr denjenigen Stempel tragen, den ihm die Totalsumme aufgedrückt hat, so dass gewöhnlich nur das Klima (im weiteren Sinn) aus der Monde ambiant (des Makrokosmos) im Mikrokosmos sich spiegelt, die Nebeneffecte aus pflanzlichen oder thierischen Causalitäten für den physischen Habitus, z. B. beim Menschen überdeckend, während in seine psychische Vorstellungswelt wieder eingreifend, schon bei den Materialisationen seiner Culturschöpfungen, als das (auch mineralogisch gelieferte) Material eben, an welchem und durch welches sie zur Verwirklichung gelangen (für sinnliche Auffassung).[1])

Mit einer Entwicklungsgeschichte der Uhren vor uns, beim Ueberblick gesammelter Proben nebeneinander, in der Reihe von Pendeluhren zu Feder- und Ankeruhren (mit etwa Sonnen- und Wasseruhren schon früher), würden wir den einheitlichen Zusammenhang der hier schöpfenden Gedanken darlegen können, wie des Schöpfungsgedankens im Durchblick zoologischer Organisationen von Ascidien (oder Vorgängern) zu Lemuriden, und Nachfolger, ohne indess die auf Erhaltung der Species wirkende

Fortzeugung über die Grenzen zulässiger Transmutationen zu erweitern, uns genöthigt zu finden, so lange nicht etwa die monistische Monomanie der Vereinfachung hinzutritt, um „a few" auf „one primordial being" zu reduciren, — obwohl in einer auf Unendlichkeit führenden Ursprungsfrage, ob Viele oder Wenige (oder ein Aller-Einzigster nur), auch um keine einzige Einheit das Facit ändern würde (oder zu ändern vermöchte). „Man's place in Nature" ist zoologisch deutlich genug, als nächster Nachbar zum Gorilla und „there is a no less sharp line of demarcation, a no less complete absence of any transitional form, between the gorilla ad the orang, or the orang and the Gibbon" (s. Huxley). Der Orang-Utan ist der Ausdruck der Simiae in Indonesien, der Gorilla für seine africanische Provinz, — so der Chimpanse u. s. w. —, im „survival of the fittest" aus gesetzlichem Gleichgewicht mit der Umgebung resultirend. Welche Berechtigung dürfte also innerhalb inductiv festgestellter Prinzipien gewährt sein, ohne thatsächlich vorliegende Beweise, den Faden einer Descendenz zu ziehen? der, mit Verlängerung in einen Regressus ad infinitum überführend, doch wieder Alles negiren würde, — zumal für die Vermehrungszahl voraussetzbarer Zwischenformen ohnedem jede Bestimmung ausfiele, soweit nicht in dem Charakter einer Variation diese als solche dann eben bewiesen. Entweder also ein inductiver Bau auf dem Gerüst factischer Bausteine oder: ein speculatives Luftschloss für die, denen solches besser gefällt. Weil nicht gewusst werden kann, was im Anfang war, wird Gott als Nichts oder Nicht-Etwas (אֵין) bezeichnet (nach der Idra-Suta), im Beginn der Schöpfung aus Kore (der Maori) oder Avixa's „Nicht-Wissen" (im Abhidhamma). Die Materie, als Abwesenheit alles Seins (ἔλλειψις παντὸς τοῦ ὄντος) oder (Porphyr) ein „wahrhaftes Non-Ens" (ἀληθινὸν μὴ ὄν), verhüllt sich in Finsterniss (Plotin). Sein (im Anfang) ist das Absolut-Negative (b. Hegel) und das Nichts, woraus die Dinge entstanden sind, die „Ursache der Ursachen", als „das Ur-Nicht-Etwas" (nach dem Sefer Jezirah). Nichts geht in der Welt verloren (nach dem Sohar) im „Kreislauf des Lebens" (unter „Erhaltung der Kraft"). Da Nichts absolut entstehen oder vergehen kann (s. Philo), gehen die Elemente aus einer Form in die andere über (Ὥσπερ ἐκ τοῦ μὴ ὄντος οὐδὲν γίνεται, οὐδ' εἰς τὸ μὴ ὂν φθείρεται. Ἐκ τοῦ γὰρ οὐδαμῇ ὄντος ἀμήχανόν ἐστι γενέσθαι τί), wie im Umschwung der Kalpen (und Wiedererneuerung aus dem Ueberbleibsel eines Goldkeims oder

Hiranyagarbha). Aegyptii quatuor elementa fecere, deinde ex singulis bina, marem et feminam (s. Seneca), als die „Acht" (Kinder Ptah's) in der Ogdoas (aus der Tetraktys). As the natural laws are continuous through the universe of matter and of space, so will they be continuous through the universe of spirit (s. Dawson). The establishment of the Spiritual Laws on „the solid ground of Nature", to which the mind trusts „which builds for aye", would offer a new basis for certainty in Religion (1885). Les phénomènes moraux, quand on observe les masses, rentreraient en quelque sorte dans l'ordre des phénomènes physiques (s. Quetelet), und so für die „Physique social" bedarf es zunächst einer Gedankenstatistik (zum Ausbau naturwissenschaftlicher Psychologie).

Das Individuum zeichnet die Species („Naturae opus") in der Weite ihrer Variationsfähigkeit, und in der Rasse kommt die Bewegung der Veränderlichkeit in charakteristischen Phasen eines temporären Stillstands zum Ausdruck.

Gegenüber dialectischer Construction einer aprioristisch gesetzten und in Descendenz-Romanen ausgemalten Entwickelungsfähigkeit, über alle systematisch scheidenden Grenzen hinweg, ergeben sich der Inductionsarbeit die gesetzlichen Beschränkungen im Abgleich mit der geographischen Umgebung für den physischen Habitus der biologischen Organismen, und unter ihnen wäre nun beim Menschen, unter Zutritt des Psychischen, als selbstgestaltenden Factors, dadurch dann wieder ein zersetzend und soweit neubildendes Ferment hineingeworfen für den Stufenbau aufwärts weiter führender Fortbildungsfähigkeit (einem, am Gesichtskreis deutlicher Sehweite, noch entschwindenden Ziel entgegen).

Und so entzieht sich der Anfang, im dunkeln Abgrund der Ursprungsfragen (gnostischen Bythos). The limitation of peculiar generic types to certain geographical areas now observed in so many parts of the globe points to some other and higher law governing the creation of species itself, which in the present state of science is inscrutable to us (s. Lyell), aber factisch vorliegend, weshalb dort das „Datum" zu nehmen ist, für den Ausgangspunkt inductiver Forschung.

Der directe Einfluss physikalischer Agentien reagirt auf das Individuum, welches innerhalb der Spielweite seiner Veränderungsfähigkeit, in den demgemäss für Lebensfähigkeit der

Einzeln-Existenz möglichen Vielfachheiten erscheinen mag, und im Verschwimmen der verschiedenen Variationskreise reflectirt sich das Gesammtbild der Species aus der geographischen Umgebung (in der dieser entsprechenden Modification).

Der Eindruck dieses Gesammtbildes muss ein constanter bleiben, weil eben aus der Gesammtheit der Unterschiedsmöglichkeiten zusammengesetzt, und weil in den Variationsfähigkeiten bis an eine äusserste Peripherie reichend, jenseits welcher die Existenz zu Grunde gehen muss.

Wie weit unter geographischen Abarten einer hypothetisch entworfenen Art beim Ueberführen in fremdes Bereich eine frühere oder spätere Accommodation statthaben mag, bleibt von der Stärke einwohnender Lebenskräftigkeit abhängig, indem concentrirte Energie derselben die aus der veränderten Umgebung als schädlich bedrohenden Einflüsse unbeschadet abstossen wird, wogegen solche, bei Nachgiebigkeit, die ihnen entsprechenden Anpassungen verlangen oder einem allzustarren Widerstand erliegen werden.

Aus anthropologischen Messungsresultaten ergiebt sich der bei den Extremen tropischen und polaren Klimas in den Rassen hervortretende Unterschied des im ersten Falle vorwiegenden Unterleibes, im zweiten der Brust (in verticaler Erhebung für gemässigte Zone schon, unter zutretendem Einfluss der Luftverdünnung). In temperirten Ländern bereits neigt im Sommer der Organismus leichter zu biliösen Fiebern, welche also, aus gleichen Causalitäten, in durchgängig warmen Regionen naheliegen, obwohl beidesmal je nach idiosynkrasischen Prädispositionen mehr oder weniger, und so stellt sich auch mehr oder weniger günstige Prognose dementsprechend wieder bei der Acclimatisation, unter gleichzeitigem Mitsprechen der nachgiebigeren oder schrofferen Anlage des Organismus, ob sich derselbe eben fähig erweisen wird, für unbeschadete Anpassungen an die aus einer Veränderung correlativ in übrigen Organen mitbedingten, um unter ihnen das Gleichgewicht normaler Gesundheit zu bewahren. In den Zwischenzuständen verlaufen dann krankhafte Erscheinungen, die, je nachdem ein „modus vivendi“ mit den veränderten Verhältnissen herstellbar bleibt, sich dementsprechend adaptiren oder sonst letal enden müssen. La vraie nature des influences extérieures se juge bien mieux par les maladies qu'elles causent à l'homme, que par les forces, dont elle l'animent (Jourdanet).

Was über die Kenntniss des Menschen ein grosses Licht verbreiten kann, das sind vorzüglich pathologische Bemerkungen über Krankheiten, die auf den Geist unmittelbare und sichtbare Wirkung thun, und Beobachtungen aus der vergleichenden Anatomie (s. Wegelin). Chez les animaux domestiques herbivores, qui n'ont jamais abandonné l'usage d'un régime végétal, le canal digestif se modifie et se met en rapport avec la quantité de substance alimentaire qu'il reçoit habituellement. C'est un fait connu, que les races distinguées ont ordinairement les intestins moins volumineux que les bêtes de race commune et l'on doit attribuer cette circonstance à ce que, recevant, presque depuis leur naissance, des aliments beaucoup de matière nutritive sous un petit volume, le canal intestinal est moins distendu que dans les animaux qui ont été nourris avec des aliments plus grossiers. Mais cette première modification en entraine d'autres dans la conformation générale de l'animal. Ainsi une nourriture peu substantielle et très abondante nécessite le développement de l'estomac et de intestins, mais le tronc lui-même, pour loger ces organes distendus, s'agrandit dans toutes ses dimensions. Pour supporter cette masse élargie, les membres sont plus écartés les uns des autres, souvent deviennent aussi plus courts. Les phénomènes sont surtout sensibles, lorsqu'à l'abondance de la nourriture se joint le défaut d'exercice, qui entraine la tendance à l'obésité, qui diminue l'activité et la force de ces animaux. Ils se modifient non seulement dans leurs formes, mais prennent des habitudes appropriées à leur genre de vie et transmettent ces caractères à leurs descendants. Les faits ont été observés principalement chez les Boeufs, les Moutons et les Porcs (s. Godron). Tout individu, pour pouvoir pleinement se développer doit être en harmonie complète avec les conditions d'existence, avec le milieu où il vit, toute espèce, pour se propager et s'étendre, doit satisfaire à la même exigence (s. Quatrefages). „Obgleich der Mensch durch den Gebrauch seiner Vernunft sich sein Fortdauern zusichern kann, so ist er doch nichtsdestoweniger beträchtlichen, sowohl den Körper als die Seele betreffenden Veränderungen ausgesetzt, welche äussere Umstände, als Himmelsstrich, Lage der Gegend u. s. w., bei ihm bewirken können" (s. Falconer). Der Mensch ist von seiner Entstehung an der Einwirkung tausend verschiedener physischer Kräfte ausgesetzt, die seine Empfindungswerkzeuge bald so bald anders formen, bald zu feineren, bald

nur zu gröberen Gefühlen 'stimmen oder nur für gewisse Arten
von sinnlichen Eindrücken in besonders hohem Grade empfänglich
machen können (1782).

Wie bei der Besiedlung Algeriens für Einwanderung aus
Süd-Frankreich oder Spanien Acclimatisationsfähigkeit eher ver-
bürgt ist, als bei Nordländern, so ähnlich hat es sich in Louisiana
bewiesen und auf den antillischen Inseln, wo bereits wieder die
Localitäten durchgreifenden Unterschied machen. Während in
den ungesunden Küstenregionen oft, wie in Batavia, ein „Grab
des Weissen" gefunden wird, haben manche Theile des Innern
sich begünstigt genug erwiesen, um, wie in Bourbon, die lebens-
kräftige Rasse der „Petits-Blancs", in den „descendans d'anciens
colons" (als Feldbauer des Innern im Gegensatz der städtischen
Colonisten), gedeihen zu lassen (als Xivaro auf Porto-Rico), ohne
die sonst vermittelnde Kreuzung, da bei der Antipathie gegen den
als Sklaven in der Arbeit concurrirenden Neger jede Mischungsart
mit demselben verpönt und gemieden ist. Die afrikanische Rasse
selbst, so lange in harter Arbeit der Plantagen aufgerieben, be-
durfte steter Erneuerung durch Zufuhr für die Märkte, während
sie sich selbstständig auf amerikanischem Boden fortzupflanzen
beginnt, seit der brasilianische Pflanzer, nachdem mit Aufhebung
der Sklaverei frische Erneuerung abgeschnitten, auf Züchtung
der vorhandenen Haussklaven Bedacht genommen, und von den
freien Buschnegern Surinams haben die Schwarzen als unab-
hängige Rasse ihre Selbsterhaltungsfähigkeit gewonnen.

„Der Körper verlangt zu seiner Erhaltung eine bestimmte
Verarbeitungsmenge der festen, flüssigen und luftförmigen Bestandtheile der Aussenwelt, und je nach dem Wärme- oder
Feuchtigkeitsgrade der Luft, je nach ihren electrischen Verhältnissen der mit der Durchsichtigkeit vermehrten Ausstrahlung
auf der Haut, je nach der von den mineralogischen Bestand-
theilen des Bodens abhängenden Zusammensetzung des Wassers
oder den vorwiegenden Nahrungsmitteln des Bodens werden
die Functionen der Respirations- und Verdauungsorgane verschieden sein, um aus, in verschiedenen Proportionen gelieferten,
Grundstoffen doch ein ähnliches Resultat normalen Verhaltens
herzustellen. Eine erwärmte, mit Wasserdampf gesättigte Luft
wird neben der Decarbonisirung des Blutes in den Lungen
eine weit thätigere Ausscheidung in der (bei Negern deshalb
vergrösserten) Leber verlangen, als die dichte Luft der Polar-

gegenden, und der Brustkasten hoher Gebirgsbewohner (wie
der Quechua) ist viereckig geräumig, um eine genügende
Quantität Sauerstoff aus der verdünnten Atmosphäre in sich
aufnehmen zu können. Eine jede geographische Provinz wird
so ein bestimmtes Verhältniss zwischen der Thätigkeit von
Leber und Lunge verlangen, und der aus einer andern Provinz
Eingewanderte (also an ein anderes Verhältniss Gewöhnte)
wird zur völligen Acclimatisation erst das neue sich aneignen
müssen, was gewöhnlich nicht ohne bedenkliche Krisis vor
sich gehen kann und demnach meist den Körper (der als
bereits ausgewachsen sich nur schwer accommodirt) kränklich
zurücklässt, während erst die Nachkommen als Landeskinder
gelten mögen. Eine Immunität gegen die, als fremde, feindlichen Einflüsse wird gewöhnlich erst durch eine Acclimatisationskrankheit erworben, wie sie der Ankömmling in den Tropen
(Afrikas oder Westindiens) in den perniciösen Malarienfiebern
durchzumachen hat, die bei den zusammengedrängten Bewohnern
der Städte unter der Form des Gelbfiebers auftreten" (siehe
Ethln. F. I).

„In extremen Klimaten, wo zur Compensation die inneren
Rumpforgane excessiv angelegt werden müssen, schrumpft deshalb die Gesammt-Körperlänge bei entsprechender Vermin-
derung der unteren Gliedmaassen zusammen. In polaren
Ländern verlangt die nöthige Wärme-Erzeugung, die sich
(nach Kaimes) schon in der heissen Ausdünstung bemerkbar
macht, eine starke Entwickelung der Lungen und also des
Brustkastens, gleichsam den Ofen in dem, auch durch die Um-
hüllung mit Fett — aus dem nach dem Verbrennen des Sauer-
stoffes rückbleibenden Rest — geschützten, Körper bildend. In
der verdünnten Luft tropischer Plateauländer ist gleichfalls ein
weiter Brustkasten, um die dem Athem genügende Quantität
Luft aufzunehmen, erforderlich, und so bleibt hier ähnlicherweis
bei vorwiegendem Rumpfe die Statur im Ganzen verkürzt. Unter
dem Aequator tritt dann wieder eine diminutive Menschen-
rasse mit ausgeprägtem Bauche auf, da in diesem die zur
Ausscheidung des nicht verbrannten Kohlenstoffes stark bean-
spruchte Leber liegt. Der Ueberschuss wird im Schleimnetz
abgelagert und bedingt dort das schwarze Pigment, so dass
die schwarze Farbe der (s. Bruce) kühlen Haut hier sich
völlig verschieden zeigt von der (mit zunehmendem Alter

mehr und mehr) durch Exponirung in einem rauhen und
kalten Klima an der Oberfläche hervorgerufenen Färbung, die
auf Sumatra (wieder) Folge des Seeklimas (nach Marsden) ist,
während in Guyana (nach Hartsink) die Bewohner des Waldes
heller bleiben, als die der Ebenen. Findet in warmen Ländern
keine determinirte Abscheidung des Kohlenstoffes in der Leber
statt, so bleibt das Blut mit Gallenpigment tingirt wie in der
Färbung Gelbsüchtiger, die Strack mit der gelber Rassen ver-
gleicht. Nach Schotte wird der Schweiss der Europäer am
Senegal übelriechend, gelb und färbt die Leinwand saffran-
artig. Nach Monrad nehmen die Dänen bei der Acclimatisation
in Guinea eine gelbe Farbe an, die bei späteren Generationen
in Schwarz übergeht, und die Portugiesen am Gambia sind
(nach Demaret) zu Negern geworden. Wäre eine kurze Rasse
als für polare und äquatoriale Gegenden charakteristisch an-
zunehmen, so mag sie gegenwärtig dennoch nur sporadisch
vorkommen, da sie überall vor den robusteren Sprösslingen
stattgehabter Kreuzungen erliegen musste, wie sich dieses in
den Eskimo des Westens und der Behrings-Strasse, in den
Karelen verglichen mit den Lappen (und Finnen), sowie in
den von Norden und Osten in Nieder-Guinea eindringenden
Negerstämmen (oder sonstigen Stammeswanderungen) zeigt.

In näherer Abhängigkeit von der Luftelectricität mag
das Haar stehen, das beim Indifferenzzustand jener sich zum
Kräuseln neigt, bei freier Spannung straff und schlicht erscheint" u. s. w. (Zeitschrift für Ethnologie. 1873.)

„Im Gegensatz zu der bei dem Nordländer ausgeprägten
Arteriosität mit heisser Ausdünstung (s. Steller) bedingt bei
der tropischen Varietät des Anthropos (am auffälligsten bei
der afrikanischen Modification im Neger) das Vorwalten des
venösen Systems, dieses „Bauchmenschen" (im alten Stile), zugleich eine angeregtere Thätigkeit der Gallenaussonderung in
den Leberfunctionen und deren Reflex im peripherischen Netz-
gewebe der (bei schwarzer Farbe) kühlen Haut.

In der Dermatopathologie, wie Cannstatt bemerkt, kommt
es neben dem symptomatischen Exanthem, als morphologisches
Moment, auf das ätiologische an, wie bei den Erscheinungen
des Erysipelas im Zusammenhang mit dem cholopoetischen
System, im Reflex der Störungen, und aus den hier pathologisch hervortretenden Abweichungen liessen sich dann ver-

werthbare Anhalte finden für einen normalen Zustand, wie in
der Pigmentablagerung des Negers, der seiner geographischen
Provinz nach auf vorwiegende Function des Pfortadersystems
hingewiesen ist (aus deren ungenügenderer Anlage im Europäer z. B. dann wieder Leberkrankheiten bei Tropenaufenthalt
folgen).

Wie für die äquatorialen Hochlande mit ihren breitbrüstigen
Bewohnern in den asthmatischen Anfällen der heraufkommenden
Tiefländer, ergiebt sich auch für sumpfige Heissländer eine
durch genugsame Erfahrungen aus den Klimafiebern der Europäer
erprobte Controlle, und, — in den betreffs der Schwindsuchts-
disposition der Neger in den nördlichen Staaten der Union
gewonnenen —, selbst eine doppelte, wie ähnlich auch im Fett-
ansatz (mit dadurch gewährtem Kälteschutz) der arktischen,
contrastirt mit Hagerkeit der tropischen Eingeborenen. Die
Acclimatisation erfolgt am besten durch Zwischenstufen (wie
in Gibraltar oder am Cap für die englischen Truppen in
Ostindien). Die Europäer gewöhnen sich leichter an das
Klima von Mittelamerika, wenn sie vorher eine Zeit lang auf
den Canarischen Inseln verweilten (s. Rauch). Und so sind botanische Acclimatisationsgärten versucht. „Europäische Pflanzen,
die erst eine Zeit lang in den kalten Theilen Indiens gezogen
sind, widerstehen der Hitze besser als direct von England aus
eingeführte" (s. Darwin).

Erleichtert wird der Process „lorsque l'espèce a été
ébranlée, affolée" (s. Vilmarin), durch Kreuzungen congenialer
Art besonders, und dann mögen im Laufe der Generationen
tiefgreifende Veränderungen auftreten, während es natürlich
nach Abschluss des Wachsthums unmöglich sein würde, im
Laufe der dazu gehörigen Existenz tiefgreifende Modificationen
hervorzurufen, wie sie sich in der Vierschrötigkeit des auf der
Puna Entsprossenen z. B. als angeboren bewiesen.

Die äusserlich sichtbare Vergrösserung des Brustkastens
selbst zählt nur als Symptom, das (wie z. B. Schweisse bei
Ueberstarken oder Hektischen, Dysenterien aus Stockung
oder Schwäche, Bauchvortreibung aus Fettanhäufung oder
Anasarca) aus völlig entgegengesetzten Causalitäten hervor-
gehen könnte, das aber hier in beiden Fällen, aus stärkerer
Beanspruchung der Lungenthätigkeit resultirt, einmal bei dem
stärkeren Arbeiten derselben in dichter Luftschicht (um in

erhöhter Arteriosität der Kälte zu widerstehen), und dann
innerhalb verdünnter Luft, um im erweiterten Volumen das
für die Lebenserhaltung erforderliche Quantum aufzunehmen.
Da insofern der Brustkasten, obwohl in beiden Fällen stärker,
doch in jedem derselben verschieden (ob im dünneren oder
dichteren Medium) zu arbeiten hat, würden sich wahrscheinlich,
bei genaueren Detailkenntnissen in comparativer Anatomie der
Menschenrassen, charakteristischere Formunterschiede (als für
bis dahin oberflächliche Beobachtung) in der bei Eskimo sowohl wie bei Quechua (oder Tibetern), als Brustkastenerwei-
terung beschriebenen Rasseneigenthümlichkeit feststellen lassen,
worüber Hypothesen naheliegen, aber eben so gut, oder besser,
verschoben bleiben bis zur Ansammlung thatsächlicher Untersuchungen, die bei Concentrirung darauf jeden Augenblick zu
Gebote ständen. In der Zwischenzeit genügt das bereits Be-
kannte, um im Allgemeinen den Satz der Abhängigkeit von
geographischer Umgebung durch ein schlagendes Beispiel zu
belegen. Stets ergiebt sich aus der Verschiedenheit der auf
der Höhe und am Bergesfuss, unter gleichen Breiten, lebenden
Rassen der locale Einfluss modificirender Variation, wie auch
im Pflanzenreich.

Bei der Acclimatisation ist eine mehr oder weniger pathologische Krisis durchzumachen, welche entweder zur Vernichtung
führt (im letalen Ausgang des Acclimatisationsfiebers) oder
einen neuen modus vivendi herstellt, — für das actuelle Individuum meist einen geschwächten, der sich indess in den folgenden Generationen wieder unter entsprechenden Modalitäten
der dann schon einigermaassen angeborenen Umgebung allmälig adaptiren mag." (Allgemeine Grundzüge der Ethnologie, S. 11.)

Für die Ainos, als haarige Varietät, ist umschriebenes
Areal anweisbar, und specifisch prägt sich ebenfalls die geographische Provinz im Nigritier und dem Quechua; der erste
von der Natur in dem auf Kosten der Lunge begünstigten
Pfortadersystem mit einem Refrigerationsapparat versehen, der
letztere mit derartig erweitertem Brustkasten, wie dies die
dünne Luft des ihm angewiesenen Aufenthaltes verlangt. In
beiden Fällen kann (wie bemerkt) doppelte Controle geliefert
werden. Der Europäer im tropischen Afrika verfällt bei Eintritt
der Acclimatisationskrisis in Leberkrankheiten, da den für Aus-

scheidung der deletären Stoffe gesteigerten Ansprüchen, mit den in seiner Constitution auf ein gemässigtes Klima berechneten Mitteln, nicht ausreichend genügt werden kann. Der Neger umgekehrt, wenn in solch gemässigtes Klima versetzt, erliegt vorwiegend (wie in den nördlichen Staaten der Union) Krankheiten der Lunge aus gleichen Gründen (wogegen er andererseits gegen gelbe Fieber wieder gesicherter bleibt). Bei dem Quechua sind gleiche Ursachwirkungen nachweisbar, positiv und negativ. Zu den heissen Küstengegenden hinabsteigend, wird der Bewohner des Hochplateaus auf den Anden oder (s. Jourdanet) in Mexico von Schwindsucht fortgerafft, wogegen der lungenleidende Tief-länder oben genesen mag, wie im Sanatorium von Jauja (siehe Ethnologische und Geographische Bilder, S. 104; Culturländer des Alten Amerika, S. 140), der Gesunde aber andererseits asthmatische Beschwerden fühlt wird — und fühlt, weil es so sein muss." (Verhandlungen der Gesellschaft für Erdkunde, 1878.)

Wenn demnach der breite Brustkasten der Quechua in ver-dünnter Luft der Höhen sich bei dem in der dichten Luft des Meeresniveaus im hohen Norden athmenden Eskimo wiederholt, so geht die hier als Einwendung gebrauchte Gleichartigkeit auf verschiedene Ursächlichkeiten zurück, welche indess beide wieder zu einer Erweiterung des Brustkastens tendiren, im Norden wegen solch' arteriell erforderlichen Wärme-Erzeugung und auf der Elevation der Sierra, um in ausreichender Capacität durch Auf-nahme des benöthigten Luftquantums dem Lufthunger zu genügen. — Es folgt also:

Der physische Habitus des Negers zeigt diejenige Einrich-tung und Vorrichtung der physiologischen Processe, wie für den menschlichen Organismus erforderlich, um sich im normalen Gleichgewicht zu halten, bei afrikanischer Modification der geo-graphischen Provinz in den Tropen.

Der physische Habitus des Eskimo zeigt diejenige Einrich-tung und Vorrichtung der physiologischen Processe, wie für den menschlichen Organismus erforderlich, um sich im normalen Gleichgewicht zu halten, mit polarer Modification der geographi-schen Provinz auf westlicher Hemisphäre.

Der physische Habitus des Indianers u. s. w. u. s. w.

So diese Fragen gestellt, würde es sich demnach einmal um genauere Feststellung des jedesmaligen Charakters der geographi-schen Provinz handeln und der Einzelnheiten der physikalischen

Agentien, worüber (von einigen Angaben über mittlere Temperatur abgesehen) fast alle Materialien noch mangeln, so dass
die Beschaffung eines solchen Apparates der Meteorologie zufallen
würde, nach Ausdehnung eines Netzes von Beobachtungsstationen
über die Erdoberfläche. Das Zweite wäre dann, den physiologisch
zureichenden Grund zu finden, für die vergleichsweis verschiedene
Ausbildung der Brust- und Bauchorgane, z. B. je nach der auf
kaltes oder warmes Klima hingewiesenen Rasse, und zu solcher
Kenntniss würden neben Vermehrung der bisher nur vereinzelt
bekannten Sectionsbefunde aus aussereuropäischen Ländern besonders die Beobachtungen pathologischer Störungen beitragen,
wie eintretend, wenn aus der congenialen Provinz in eine fremde
versetzt.

Hieran knüpfen sich dann die Weiterfolgerungen über die
der Auswanderung anzuweisenden Richtungen, sowie die bei
Colonialgründungen geltenden Vorsichtsmaassregeln (für richtige
Auswerthung derselben).

An der Wechselbeziehung zwischen Haut und Nieren lässt
sich bei jeder Erdumsegelungsreise die verminderte oder ver-
mehrte Quantität der Urinausscheidung verfolgen, je nachdem
aus kälteren Zonen der äquatoriale Gürtel und aus diesem wieder niedere Temperaturen erreicht werden (ähnlich der Aenderung
zwischen Sommer und Winter im gemässigten Klima). Nous
avons une physiologie de l'hiver, une physiologie de l'automne,
une physiologie de printemps (s. Fossagrives), je nach den Tem-
peraturverhältnissen (in localen Modificationen).

Es giebt eine Acclimatisations-Leberhypertrophie, die in dem
ersten Jahre nach der Einwanderung in die Tropen zum Aus-
bruch kommt (s. Heymann). „Alle Unterleibsdrüsen sind verhältnissmässig gross, namentlich die Leber und die Nebennieren,
und scheinen diese Organe beständig an venöser Ueberfüllung zu
leiden" (beim Neger). Die Lungen sind verhältnissmässig weit
weniger ausgedehnt, als die Baucheingeweide (s. Pruner Bey).
Les maladies tropicales ne sont, le plus souvent, que les exagéra-
tions des phénomènes physiologiques dus aux climats mêlés à
des phénomènes pathologiques (s. Rattray). The perspiration
and biliary secretion are both increased (s. Martin), bei Ankunft
der Europäer in den Tropen (und die sammetartige Weiche der
Negerhaut wird auf die grössere Menge von Schweiss in den
Talgdrüsen, die bedeutendere Entwickelung der Wärzchen und

grössere Länge derselben zurückgeführt). Es giebt in der That kaum eine Krankheit, welche mit grösserem Recht, als diese, den Namen einer „tropischen" verdient, bemerkt Hirsch von der Leberentzündung (bei Turgescenz gegen die Leber in hoher Temperatur). Ueber 2000 Meter ändert sich die Athmung (in Mexico) und neben „immunité des altitudes pour la phthisie" unterscheidet sich die Anämie (nach der Höhe) als Anoxyphemie anémique, vertigineuse, hypocondriaque und dyspeptique (cf. Jourdonet).

Bis zum Jahre 1851 noch wurden Schwindsüchtige in Mexico nach den Tieflanden geschickt, aber seit 1861 ist die Abwesenheit der Phthisis auf der Höhe anerkannt, und daran Krankende werden dort gebessert oder auch geheilt, wie in Jauja als Sanatorium (Peru's). In den Nilgherry hat Baykie den wohlthätigen Einfluss der Höhe für Phthisis constatirt, und statistische Daten über das Vorkommen giebt Toner (aus den amerikanischen Armeeberichten). Les races tropicales ont une circonférence thoracique plus faible que les races européennes (b. Topinard), la respiration est moins active (s. Jousset). In Nord-Amerika ist Schwindsucht unter den Negern viel häufiger, als unter den übrigen Theilen der Bevölkerung (mit Ausnahme von Charleston, New-Orleans und anderen Südstaaten); „comparing the pulmonary capacity of the black race with that of the white, the difference is very striking" (cf. Gould). Les atmosphères raréfiées conviennent aux tuberculeux, puisque leur action sous-respiratoire ne peut tendre qu'à ramener à un juste équilibre l'excès d'oxygène consommé par les malades atteints de phthisie (cf. Jourdonet). Die breite Brust auf den hohen Andes wird durch das Athmen in verdünnter Luft bedingt (cf. d'Orbigny). L'Indien, en effet, parait partout à l'observateur avec des membres dont les dimension exigues ne semblent nullement en rapport avec le développement de la totalité du tronc (cf. Jourdonet). Tous les observateurs sont unanimes à constater l'efficacité de l'air de l'Anahuac, ils lui accordent d'empêcher l'évolution de la phthisie héréditaire et d'agir de la manière la plus heureuse sur les tubercules confirmés, à n'importe quelle periode de leur état, on cite même des cas nombreux de guérison. Les faits doivent avoir leur raison, et elle apparait dans l'altitude, la latitude et l'aridité de la grande plaine, ce qui affirmerait l'efficacité de l'air raréfié, pur, doux et sec (s. Paoli).

Wie „les petits blancs" in Bourbon haben sich die Xivaros in Porto-Rico acclimatisirt, und der Yankee zeigt die amerikanische Modification des Anglo-Sachsen, wie der Australier die der geographischen Provinz gemässigter Zone auf südlicher Hemisphäre.

Mit Aufhören der Zufuhr europäischen Blutes würde der Mulatte aussterben (nach Knox), wogegen den Mischlingen die Zukunft gehört, die ganze Erde zu bedecken (nach Quatrefages), doch liegt hier, (medio tutissimus ibis), die Wahrheit in der Mitte, da es (wie in der Chemie) von der Wahlverwandtschaft der Affinitäten abhängig bleiben muss, ob künstlich zusammengeleimte Rassen rasch wieder zerfallen, oder die aus congenialen Kreuzungen gebildeten veredelt und veredelnd emporsteigen (auf der Geschichtsleiter).

Die mit Verpflanzung in veränderte Umgebung beginnenden Umwandlungen, als „incipient changes" (b. Mivard), werden innerhalb des schon für charakteristischen Typus fixirten Organismus, um das Gleichgewicht in der „correlation of growth" (s. Darwin) zu bewahren, immer nur bis auf beschränkte Grenzen zur Durchbildung gelangen können, um nicht in pathologische Abirrungen zu verlaufen. Hier tritt dann, als mächtiges Hülfsmittel für die Adaptation an die neue Umgebung, die Kreuzung hinzu mit einer dort bereits acclimatisirten Hälfte, und wenn als diese, die weiblichen Geschlechtes mitwirkt, dann leichter, als im anderen Falle, wo das männliche als einheimisches sich mit fremdem zu paaren hätte.

Das Kind, als Product zweier Geschlechtshälften, muss, unter Mitbedingung der eigenen, stets, als Diagonale gleichsam, einen Durchschnittstypus aufweisen, und es stellt sich also damit ein complicirtes Problem, nach den idiosynkrasischen Anlagen der beiden Eltern, besonders wenn diese, in veränderte Umgebung verpflanzt, selbst zu ändern nach verschiedenen Richtungen hin beginnen, und ob solche convergirend oder divergirend tendirten, zunächst schon in Frage käme. Ist bei Kreuzung dagegen eine der beiden Elternseiten bereits acclimatisirt, d. h. der Umgebung normal adaptirt, wird solch stabilere Constanz in der Paarung zu durchschlagender Wirkung kommen, und besonders bei der Mutter, wegen des, die Schwangerschaft hindurch, ununterbrochen länger dauernden Einflusses auf den physischen Habitus.

Sind beide Eltern als Fremde in fremde Umgebung eingetreten (beginnen also beide mit der Tendenz zur Anpassung
für die Acclimatisation zu changiren), so kommt es vor Allem darauf
an, ob die Richtungslinien zusammentreffen oder sich von einander
entfernen, um je nachdem ein mehr oder weniger lebenskräftiges
Product zu zeugen, wogegen bei Kreuzung mit einheimischem,
bereits acclimatisirtem Typus in diesem dann eben bereits ein
zuverlässigerer Charakter der Stabilität geboten ist, besonders,
wie bemerkt, auf weiblicher Seite, als längere Zeit hindurch ein-
wirkend auf das neu Erzeugte. Daraus erklärt sich aus natürlichen Gründen die ungünstige Prognose für die Nachkommen
von Einwanderungsfamilien im uncongenialen klimatischen Rayon,
wogegen eine Kreuzung, wenn einigermaassen wahlverwandtschaftlich, oder doch nicht allzu disparat, bessere Aussichten auf
Fortpflanzung bietet, in Vererbung eines an sich lebenskräftigen
Stammes.

In der an Kreuzung ansetzenden Bastardbildung wird das in
inertia (hergestellten Gleichgewichts) stagnirende System neu
erschüttert (wie es bei der Pflanzenzucht, um Erfolge zu erzielen,
Naudin verlangt), und mit dem für verschiedene Functionen dadurch eingeleiteten „statu nascenti“ ist dann ein empfänglicher
Boden hergestellt, für die Reproductionen, um Wurzel zu schlagen
und auszuwachsen zu der durch die veränderten Verhältnisse
für ihren Abgleich neu erforderlichen Stabilität (innerhalb
der geographischen Provinz des dafür typischen Organismus).
Next to hereditary organization (if not beyond it) geographical
peculiarities have a more powerful influence than any other natural agency in the formation of national character (s. Mill)
nach dem ethnologischen Horizont (anthropologischer Provinz).
Lorsque le climat ne permet que difficilement l'acclimatement
des hommes de races blanches, les marriages ne tardent pas à
devenir stériles, la grossesse ne peut être obtenue (s. Jousset),
und von den mehr oder weniger congenialen Mischungsverhält-
nissen wird die Möglichkeit abhängig bleiben einer Lebensfähigkeit (im neu hergestellten Gleichgewicht).[2])

Eintheilungen dienen dem praktischen Zweck, innerhalb einer
allgemein zusammenfassenden Kategorie den Sonderstücken einen
zugehörigen Platz anzuweisen, wie, dem Naturzusammenhange
entsprechend, nur im natürlichen System geschehen kann, also
nach bereits erfolgtem Abschluss der Kenntniss, wofür früher

dann künstliche Systeme, (aus äusserlich treffend markirten Kenn-
zeichen hergenommen), aushelfen mussten. So würden z. B. in der
Botanik, um Arznei- und Giftpflanzen deutlich zu unterscheiden,
sie und zugehörige Verwandten an deutlichen Merkzeichen leicht
auffassbar sein müssen, innerhalb einer Eintheilungsmethode also,
welche, um durchgängig verwandt werden zu können, auch alle
anderen Productionen ähnlicherweis hätte zu behandeln gehabt im
Pflanzenreich (wie gleichfalls im Thierreich für derartiges System).

Beim Menschen fällt für künstliche Systeme jede Veranlassung
weg, und wenn z. B. schwarze, rothe, weisse Menschen unterschieden würden, so wäre das nur der Ausdruck des thatsächlich
Wahrgenommenen, wie auch eine Eintheilung nach den Schädeln
(die, weil bei prähistorisch allein noch vorhandenen Resten ver-
wendbar, in solcher Hinsicht schon, allen übrigen Merkmalsanhalten
voran, erste Empfehlung beanspruchen dürften) nur in einer
Series äusserlicher Abrisse (deren Scheidungslinien innerhalb
kleinerer Grenzen allerdings hohe Wichtigkeit gewinnen mögen)
Gegenstände nebeneinanderreiht, welche, um ihrer ganzen Werthbedeutung nach verstanden zu werden, vorher in allen übrigen
Anlagen, die äusserlich kennbar aufzufassen sein würden, erforscht
sein müssten. Erst wenn wir eine Rasse nach allen ihren physischen
und (für Sprache nicht nur, sondern sämmtliche Gedankenbildungen)
in allen ihren psychischen Eigenthümlichkeiten genau kennen
gelernt haben, kann sie verwandtschaftlich eingereiht werden,
also nach Herstellung eines wissenschaftlichen Systems der Eintheilung (während für künstliche Eintheilung praktischer Nutzen,
und deshalb die Veranlassung, fehlt).

Ueber Classificationen unter Zusammenfassung in Generalisationen nach Species oder (mit Begriff der Abstammung
involvirt) nach Genus, sowie in Familien u. s. w., wird sich die
Auffassung sehr verschieden gestalten, je nachdem man Art,
Gattung oder höhere Ordnungen ins Auge fasst, und bei der
Pflanze (als an den Boden gefesselt) noch die Betrachtungen der
Statio und Habitatio, mit Verbreitungsbezirk und Vertheilung,
hinzukommen, sowie bei dem frei bewegten Thier die Migration,
bis zur anthropologischen Provinz des Menschen (im Einschluss
jedesmaliger Variationskreise) unter ethnologischem Horizont (geschichtliche Fortentwicklung).

Abgesehen von der Ursprungsfrage ersten Anfangs (welche
bei objectiver Behandlung nach der Inductionsmethode für den

Ausgangspunkt um so weniger zur Fragestellung gelangen dürfte, weil eben erst als das in der Lösung des Problems angestrebte Ziel zu setzen), haben wir in der Ueberschau des Thatsächlichen zunächst festzustellen, wofür sich Anhaltspunkte einer oder der andern Art finden lassen, um dann, aus Combinationen der gegebenen Daten, dasjenige in dem Laufe der Operationen (und Experimente) methodisch herauszurechnen, was sich als beweisbare Aussage selber ausspricht, um die Sprache der Natur aus den, menschlichem Verständniss hier und da zugänglichen, Symbolen einstens vielleicht entziffern zu können.

In den Species oder Gattungen der Thiere haben wir geographische Variationen vor uns (wie bei der Eintheilung von Leo, Pardus u. s. w. vielfach in dem Namen schon ausgesprochen), sowie in der Gesammtanschauung den Totaleindruck der Fauna, und bei der Pflanzengeographie lässt sich aus einem Kalender der Vegetation häufig ein Index für den unter den Agentien der geographischen Provinz durchgreifendsten (obwohl weitaus nicht alleinigen) Factor feststellen, betreffs der Temperatur in ihrem Mittel (nach Isothermen zugleich, Isotheren, Isochimen u. s. w.), während das aus dem Standort Hervorblühende und zur allgemeinen Physiognomie Beitragende oft dann auch die geologische Unterlage des Bodens für den Geologen verständlich macht. Und so, wenn sämmtliche Agentien in ihren Einzelheiten bekannt geworden sein sollten, würde zum organischen Resultat, als Gesammteffect der physikalischen Agentien im Milieu (einer Monde ambiant), damit die Wirkungsweise des Makrokosmus auf den Mikrokosmus proclamirt stehen, wie dann bei dem Menschen, für seine psychische Hälfte gleichfalls, weiter auszuverfolgen, aus den Völkergedanken einer naturwissenschaftlichen Psychologie (wenn die Wissenschaft des Menschen, als Gesellschaftswesen, auf ethnische Documente noch begründbar). L'étude de la pensée à l'aide de la réflexion, c'est en langage moderne, la psychologie (s. Cousin), seit Descartes, während sich (im Fortschritt der Induction) der Gedanke zu studiren hat, mit Hülfe seiner objectivirten Schöpfungen in den Vorstellungen, als Gesellschaftsgedanken (des Zoon politikon).

Im scholastischen Streit über die Species wurde bei Verweisung derselben unter die „flatus vocis" (b. Rosc.) daran festgehalten, dass nur die Individuen in der Auffassung sich erkennen. Immerhin behält die Species ihre Realität als Schöpfung der

Gedankenthätigkeit, ohne zu Ursprungsfragen verleitende Controversen über die Wirklichkeit der Existenz in äusserer Natur.

In primärster Thätigkeit des psychischen Processes ordnen
sich (in der Ideen-Association) die Gleichartigkeiten zusammen,
und wenn sich daraus als Erweiterung des Individuums die Species
abstrahirt, tritt diese als Einheit auf, die Individuen einbegreifend.

Innerhalb der Spielweite der Arten, mit ihren Varietäten
und deren constanter Fortpflanzung in Rassen, oscillirt die Veränderungsfähigkeit unter schwankenden Peripherie-Weiten, aber
stets einheitlich verknüpft in denjenigen Centrum, welches das
Ganze zusammenhält, als systematisches Band.

Und indem nun unter derartiger Ordnung Gesetzlichkeiten
verfolgt werden können, wie sie denen des psychischen Wachsthumsprocesses entsprechen, hat die Forschung an denjenigen Vorbedingungen festzuhalten, ohne welche sie ihre eigene Möglichkeit negiren würde.

Die Art oder Species ist das erweiterte Individuum, in all
den variirenden Schwankungen idiosynkrasischer Verschiedenheiten, indem jedes Individuum, als Zeugung aus zwei Geschlechtern (bei verschiedenen Stadien ihrer eigenen Entwicklung)
im Gesammtresultat von jedem Andern verschieden sein muss.
Und sobald dann das Gemeinsame in der Species als Einheit
gesetzt ist, müsste es, bei Richtigkeit des logischen Rechnens,
dieses selbstverständlich wieder negiren heissen, wenn von Umwandlungen von Arten in einander gesprochen werden sollte,
und bei höheren Ordnungen, vom Genus aufwärts, würden solche
Betrachtungen für rein geistige Gestaltungen mehr noch zu gelten
haben.

Bei den Artauffassungen innerhalb systematisch grösserer
Umschliessungen können verschiedene Gesichtspunkte ins Auge
gefasst werden. Der Löwe (Felis Leo) erscheint unter seinen
geographischen Varietäten in Afrika (berberisch und capisch zer-
fallend) und Asien (mit der Modification von Guzerat). Der Tiger
(Felis Tigris) beschränkt sich auf Asien, aber dort durch ver-
schiedenste Klimate erstreckt, von heissesten Tropen bis zum
sibirischen Sachalin und zur Winterzeit selbst am Aral u. s. w.
Beim Leopard (in Asien und Afrika) läuft die asiatisch einge-
schränkte Modification des Panther nebenher, neben Speciali-
sirungen in Thibet (Felis Irbis) und in Formosa (s. Swinhoe),
während in Amerika der Jaguar (Felis Onca) als Repräsentant

auftritt, wo der Puma (Felis Concolor) dagegen mehr zum Luchs
neigt, als zum Löwen (oder Tiger).

Je complicirt höher der Organismus sich gestaltet, desto
mehr werden die Wirkungsweisen der Umgebung sich in entsprechenden Vorrichtungen dafür ausgestalten, wogegen in nie-
deren Formen (z. B. Reptilien) grössere Gleichartigkeit (durch
die geographischen Verschiedenheiten hindurch) bewahrt bleibt.

Die scholastische Frage, ob nur das Individuum reale Existenz
besässe, oder solche auch der Species zuzuschreiben sei, hat sich
bei den späteren Theorien über Classification in verschiedent-
licher Weise neu gestellt. Wenn wir uns neben dem Leo eine
Leoninitas vorstellen, so ist von der charakteristischen Verschiedenheit der geographischen Modification abzusehen, um sich den
Löwen im Allgemeinen vorzustellen, was um so vollkommener
demjenigen gelingen wird, der die genauesten Detailkenntnisse
besitzt, um unter dem Abstrahiren von dem Einzeln-Merkmale der
berberischen, capensischen, asiatischen Variation das Allgemein-
Gültige beizubehalten, wogegen der Laie meistens mit einem in
unbestimmten Umrissen täuschenden Bilde begnügt sein wird,
das sich beim Näherzusehen meist in eine bestimmte Besonder-
heit (wahrscheinlich das gerade persönlich gesehene Thier) ver-
wandeln dürfte. Noch schwieriger wäre, unter den weit auseinandergehenden Differenzen, die Generalisirung des Hundes, und
geradezu unmöglich ist die der ganzen Ordnung Fera, wobei
auch dieser Hund als Hausthier, neben der Katze und wilden
Verwandten, eingeschlossen bliebe.

Im Unterschied von den auf locale Schöpfungscentren (bei
Edwards) zurückführbaren Thieren, in umschriebenen Provinzen
(s. Desmoulins) — und je enger meist, je höher organisirt (wie bei
den Affen im Gorilla, Orang-Utang, Chimpanse u. s. w.) — findet
sich der Mensch kosmopolitisch über die ganze Erde verbreitet,
und „un intervalle profond, sans liaison, sans passage sépare
l'espèce humaine de toutes les autres espèces" (s. Flourens) bis
zur Ordnung (von Geoffroy abgewiesen).

Fassen wir, ohne uns durch die physisch sichtbaren Eigenschaften im vorwiegenden Eindruck einseitig stören zu lassen, den
Mensch „un tout organique" (s. Bossuet), als Einheit seiner
physischen und psychischen Hälfte, so liesse sich unter den hier
möglichen Scheidungen, in unseren civilisirten Gesellschafts-
verhältnissen, z. B. das Bild eines Schneiders umgränzen, mit

charakteristischer Bestimmtheit für ein im Umgang mit Hand-
werkern geübtes Auge, das oftmals auch den Fuhrmann, den
Barbier, den Feldbauer auf ersten Blick (mehr oder weniger
sicher) erkennen mag, wobei dann mitunter auch körperliche
Besonderheiten mitsprechen mögen, im gekrümmten Beine rei-
tender Hunnen (schon im Alterthum) oder denen Canoe fahrender
Indianer, in muskulösen Armen des Schmieds, blöden Augen des
Bergmanns u. s. w. Die Hauptsache fällt dagegen bei dem
Menschen auf die psychische Seite, wie in den social erworbenen
Eigenthümlichkeiten der Stände, und bei der hier in Gewalt
gestellten Beherrschung der „Surroundings" in die Umgebung
(des „Milieu"), mögen auch (in künstlicher Züchtung gleichsam)
durch deren Aenderung die aus den Agentien hervorgerufenen
Effecte geändert werden, wie für die rein physische Natur, be-
züglich einer zoologischen Provinz, aus unzugänglichen Causalitäten (natürlicher Auswahl) unter Umständen hervorgehend. Erleichtert kann dieses werden, in Rassenbildung der Hausthiere
durch den Menschen, mittelst eingeleiteter Zeugung, indem dann
unter Erschütterung der unveränderlich schroff versteinerten Art,
im umwandlungsfähigen statu nascenti, ein empfänglicher Boden
vorbereitet werden mag, worauf für weiter folgende Resultate
die Einwirkung der Causalitäten Platz zu greifen vermag, während
sie bis dahin an der glatt und schroff zurückstossenden Oberfläche abprallte.

Im Uebrigen würde mit dem obigen Gedankenbilde eines
Schneiders oder der übrigen Handwerkerklassen, des Torfbauer, des
Matrosen u. s. w., ebensowohl eine bestimmte Existenz vor Augen
stehen, wie z. B. in der Generalisation des Löwen. Wie bei
diesem die für ihn besonders bezeichnenden Theile des Ganzen
vornehmlich den Blick zu treffen haben, weniger z. B. die vier
Füsse (weil sie allen Quadrupeden gemeinsam), als besonders der
ausdrucksvolle Kopf mit Mähne, oder doch Ansatz dazu (und schon
bei kurzer Anschau von dem des Tigers oder Leoparden unterschieden), so werden auch bei jenen Handwerkern theils reine
Aeusserlichkeiten der Kleidung, theils äusserliche Benehmensformen
für das Urtheil den Ausschlag gegeben haben, wenn dieses in
kritischer Selbstprüfung auf Details zurückgeht. Trotzdem, wie gesagt, handelt es sich um eine reale Existenz, schon in Betreff des
Steuerzahlens im Haushalte des Staates ebensogut (um im Bühnen-
stück des Lebens seine Rolle zu spielen), wie bei der Species

oder Art im Haushalte der Natur. Je nachdem man den Ausgangspunkt von Familien oder Gruppen, von Genera und Arten
nimmt, mag sich die zusammenfassende Einheit in gleicher Provinz in Mannigfaltigkeit reflectiren, um für die verschiedenen
Complexe der im jedesmal gemeinsamen Mittelpunkt zusammenwirkenden Agentienkreisungen ihre demgemäss entsprechenden
Aequivalente, (deren genug durcheinanderlaufen), zu gewinnen.
So erscheinen in demselben Bezirke zoologischer Provinz, unter
den Canina, Wolf, Fuchs, Hund, mitunter auch Hyäne, Schakal
nebeneinander, oder in Australien z. B. Antechinus minutissimus
und Mus delicatulus, im Uebereinanderschieben von Marsupialia
und Rodentia, während bei der Eintheilungsweise nach dem
Gebiss Sorex suavolens wieder unter die Fera zu verweisen ist.
So liessen sich unter den „Maîtres tailleurs" Modeschneider, nach
den Specialitäten für Herren, Damen, Kinder u. A. m., von Flick-
schneidern unterscheiden, oder diese letzteren zusammenrangiren
mit Flickschustern, Kesselflickern oder wie man sonst nach den
beabsichtigten Zwecken geeignet schätzt, im Ueberblick des gesellschaftlich zusammengefassten Organismus socialer oder staat-
licher Einheit, mit Fortgang zu den auf vorwaltend psychischer
Sphäre ausgesprochenen Rangordnungen der Künstler, Gelehrten,
Prediger, Volksredner, — und des Zeitungsreporters, der davon
erzählt.

„Wenn wir bei den civilisirten Nationen und unter diesen
besonders bei den höheren Ständen und den Städtern die
grösste Mannigfaltigkeit des Gesichtstypus antreffen, so dürfen
wir nicht nur die Verschiedenheit der Lebens- und Berufs-
weise, die Mannigfaltigkeit der Bildungsstufen in Anschlag
bringen, sondern auch die grosse Reihe verschiedener Krank-
heitsformen und Krankheitsanlagen. Sie drücken ihr Mal den
Gesichtern noch scheinbar ganz gesunder Menschen auf und
erzeugen dadurch Physiognomien, welche man als Product der
Temperamente ansieht. Umgekehrt hat man auch von den
Temperamenten gewisse Bilder der Gesichtstypen gemacht",
aber (nach Harless) ist das Temperament eine Zusammen-
wirkung von geistiger Richtung und körperlicher Disposition
zu einer bestimmten Verhaltungsweise nach aussen, und kann
somit, von diesen beiden abhängig, sich nicht bloss in dem
Einen aussprechen. Im Blick, und zwar in der mittleren
Augenstellung, wird das wichtigste Mittel zum Ausdruck des

Temperamentes nachgewiesen. Carpenter zeigt die Abhängigkeit der ideo-motorischen Handlungen, in Folge. der angeschaffenen Constitution, von der Sinnengewöhnung. (Das Beständige in den Menschenrassen. S. 52.)

Die eigenartige Abgeschlossenheit in ethnischen Kreisen ist, wie im physischen Habitus, aus der Sprache erkennbar, von psychischer Grundlage empor, aus deren Wurzeln das in Originalität schöpferisch Hervortreibende sich demgemäss zu verwirklichen hat. Die Zeitrichtung der Colonialpolitik hat deshalb auch die Ethnologie auf ihren praktischen Boden überzuführen, die Sitten der Fremden kennen zu lernen, ehe sich zu gegenseitigem Besten mit ihnen verhandeln lässt, denn, um mit den Naturstämmen, unter Eingehen auf ihren Gedankengang, ein Verständniss herzustellen, müssen vorher die „Idole des Verstandes" (s. Bacon) zerstört werden (wie aus der Civilisation mitgebracht).

Thatsächlich erweist sich, dass, wie bei den Variationen der Thiere und Pflanzen, die des Menschen seiner Umgebung entsprechen, und dass fremd dort Eingeführte also den Zustand der Gesundheit nur nach hergestellter Adaptation bewahren können (in der Acclimatisirung).

Wie sich in den Erfahrungen künstlicher Züchtung die Ueberführung verschiedener Rassen (gleich der Tauben) in einander ausführbar zeigt, bis zu gewissen Grenzen, so mag auch in natürlicher Züchtung ein Ausgleich zu den anfangs feindlichen Agentien allmälig hergestellt werden.

Bei dem in seinem Brustapparate beschränkten Neger überwiegt die Venösität unter activem Fungiren der vortretenden Leber, und der in seinem Organismus durchschnittlich anders angelegte Europäer wird also, wenn in das mit den beim Neger getroffenen Einrichtungen correspondirende Milieu eingefügt, an Störungen leiden, vorwiegend hepatischen (unter den Tropenkrankheiten). Sofern sich unter der Gesammtmasse der Einwanderer Ausnahmen finden, die in einer, für gemässigte Zone vielleicht pathologischen, Constitution nach den in tropischer gestellten Bedingungen überneigen, kann bei richtig geleiteter Vererbung ein Modus vivendi für spätere Generation hergestellt werden, aber um derartiges Ziel zu erreichen, würden dann vorher solch massenhafte Hinopferungen (unter der Mehrzahl der, weil für gemässigte Zone Normalen, deshalb eben für tropische Abnormalen) sich erforderlich erweisen, dass diese Betrachtung

bei freier (also in den Willen des Einzelnen gestellter) Auswanderung ihre praktische Bedeutung verlieren würde (weil
schon an der Ausführungsmöglichkeit scheiternd).

Nichts charakterisirt treffender die tiefe Confusion in der
Beweisführung, den gänzlichen Mangel aller elementaren Principien in der Ethnologie, als die herrschende Ansicht über
den degenerirenden Einfluss von Mischungen auf die Menschenrassen, wärend es doch mit einer, vielleicht allzu durchsichtigen
Klarheit offen zu Tage liegt, dass, wo wir immer in der Geschichte Culturvölker auftreten sehen, dieselben erst als höchstes
Product aus einer unendlichen Reihe von Mischungen hervorgegangen sind. Die primitiven Wurzeln ihrer ethnologischen
Entstehung gehen gewöhnlich in eine der deutlichen Sehweite
entrückte Vorgeschichte zurück; sie werden erst aus ihren
Wirkungen erkannt, wenn der Stamm einer dominirenden
Nationalität im Lichte der Geschichte emporwächst, aber jede
wissenschaftliche Forschung hat ein Ende, wenn wir diesen
jetzt als einen deus ex machina betrachten wollten, statt ihn
in seiner organischen Genesis zu analysiren. Das adoptirte
Schuldogma ist, wie so häufig, durch das Kleben an Worten
begünstigt worden, deren technischen Sinn man missverstand.
Es wird von Reinheit der Rassen gesprochen, die Züchter
legen den höchsten Werth darauf, das Geschlecht ihrer Voll-
blutrassen rein zu halten und es nicht durch Mischung zu
verschlechtern. So weit gut. Aber sind denn nun diese Voll-
blutrassen (oder in der Ethnologie die Rassen der Culturvölker) reine Rassen, wenn man hier rein in dem Sinne von
primitiv und ursprünglich nimmt, wie es durchschnittlich aufgefasst wird? Ist das veredelte Rind der englischen Züch-
tereien der Repräsentant der wilden Art, oder nicht vielmehr
im Gegentheil eine durch die vielfachste und künstlichste
Kreuzung daraus hervorgerufene Schöpfung? In die heutige
Berkshire-Rasse des feingezüchteten Mastschweines sind englische, tunquinesische, neapolitanische und andere Elemente
eingegangen, um dieses werthvolle Geschöpf zu erzielen, wie
Nathusius nachweist. Das englische Rennpferd ist doch in
der That nicht das wilde Pferd der Pampas und der Steppen,
es ist im geraden Gegentheil in sorgfältiger Kreuzung aus
arabischem, berberischem, englischem Blut hervorgegangen, um
es mit den gewünschten Eigenschaften zu begaben. Das

arabische Pferd wird gleichfalls schon das Product höherer
Kreuzungen sein, und geht seine Entstehung, wie die der
classischen Culturvölker Europas, in eine Zeit zurück, worüber
uns sichere Anhalte fehlen, wogegen sich die Bildung des
englischen Pferdes bereits geschichtlich oder doch halbgeschicht-
lich verfolgen lässt, gleich der der neueren Staaten unseres
Erdtheils. (Das Beständige in den Menschenrassen. S. 56.)

Von denjenigen der organischen Wesen, welche nach dem
Gesetze der Gedankenbildung als einheitlich zusammengehörig (in
einer Art) aufgefasst werden, finden wir die unter geographisch
verschiedener Umgebung erscheinenden Modificationen diesen entsprechend angepasst, im gegenseitigen Gleichgewicht normaler
Existenz. Ob im jedesmaligen Einzelfalle, soweit „active oder
passive Wanderung" nicht nachweisbar, Localentstehung anzu-
nehmen sei, bleibt für die Erörterung gleich unfruchtbar, wie
Theorien über Schöpfungscentren für Formen verwandten Charakters (unter schwankender Weite solcher Verwandtschaft), so
lange der Weg verschlossen ist, aus dem Haushalt der Natur
ein Warum für das topische Vorkommen organischer Arten
ebensowenig beantworten zu können, wie für das anorganischer
Minerale, ob an primären Fundorten (auch als organischer Ab-
satz vielleicht), ob unter Versetzung durch neptunische oder
plutonische Agentien (in Trümmergestein, Schiebungen, Eruptionen, Verschwemmung u. s. w.).

Das einheitliche Gedankenbild, als dessen Schöpfung die
Art hervortritt, wird für seine selbstständige Existenzberechtigung vom richtigen Verständniss der Verhältnisswerthe in der
Natur abhängen, für den Ziffernausdruck desjenigen derselben,
der als gleichgewichtig eigenem Inhalt entspricht.

Insofern ergiebt sich das Dasein in objectiver Form nur als
Folge subjectiven Denkens desselben, und während, in Betreff des
Individuums, das Kind materiell von den Eltern sprosst, besteht
die Art in ihrer idealen Existenz, der Generalisation (b. Duns Scotus).

So ist für sie im Denken der Weg zur Causalität, vom
Ursprung her, abgeschnitten, während sich die Wechselwirkung
mehr oder weniger versteht, unter welcher in Beziehung zur
Umgebung die organischen Accommodationen einzutreten haben.

In jedem Specialfalle werden bei dem localen Antreffen die
Gründe, welche dort für primäre oder secundäre Heimath sprechen,
in Erörterung gezogen werden können, wogegen so oft sich ein

in Wechselbeziehung stabiler Ausgleich hergestellt findet, die Schöpfung dann (wie im Gedankenbild) dort örtlich ebensogut angesetzt werden kann, wie in hundert oder in tausend Wiederholungen, im Infinitum der Ursprungsfragen, deren Räthsel sich erst wieder mit der Rückkehr zum Centrum zu lösen hätte (in diesem selbst).

Wie die physikalischen Einflüsse der Umgebung bis auf mancherlei Detail im physischen Habitus des angearteten Volksstammes nachweisbar sein mögen, so klingen sie auch entfernter nach im psychischen Charakter und den Sitten oder Gebräuchen, mit denen derselbe sich gegenseitig bedingt. Eine in ihrer Bergfeste gegen ringsum drohende Feinde isolirte Gemeinde wird zu innerer Einigkeit, zur Einhaltung strengster Rechtlichkeit im eigenen Kreise, durch die Noth schon gezwungen sein, dagegen zu gleich harter Strenge in Abweisung jedes Aussenstehenden und Entbindung aller Verpflichtungen ihm gegenüber. Eine mit Heerden wandernde Horde wird sich zu gemeinsamem Besten unter patriarchalischer Ordnung und Leitung der Züge zusammenschliessen und, wenn mit fremden Lagern zusammentreffend, statt zu streiten im gefährlichen Zwist, (dessen ungünstiger Ausgang den vorhandenen Besitz mit Verlust bedrohen würde), lieber vorziehen müssen, sich für gegenseitige Hülfsleistungen etwaigenfalls zu verpflichten unter Einleitung gastrechtlicher Beziehungen, wie sie sich auch für Handelsunternehmungen empfehlen. Der Jäger wird jeden auf seinem Gebiet angetroffenen Fremden als Feind betrachten, der Ackerbauer dagegen eher geneigt sein, den Fremden, wenn ein Schwächerer, zur Dienstleistung zu verwenden oder, wenn ein Stärkerer, durch eigene Dienstleistungen zum Schutz.

Die gesellschaftlichen Einrichtungen bilden das psychische Gewand, dem der jedesmalige Volksgeist innewohnt, wie die Seele ihrem angeborenen Körper, und wie über diesen hinaus die Thätigkeit der Seele, wenn zur Vollkraft angeregt, sich manifestirt, so der Volksgeist (beim Fortschreiten vom Naturzustande zur Cultur) in seiner Entwicklung, — deren Gang sich dann bedingt unter Rückwirkung · der, nach aussen projicirten und dort verwirklichten, Gedankenschöpfungen auf die eigenen Charaktergestaltungen derselben. Zunächst liegen die Ursächlichkeiten bereits in den physischen Verhältnissen der Umgebung (nach geographischer Provinz), die indess in ihren modificirenden

Einwirkungen nicht als aprioristische Ursächlichkeiten zu fassen
wären, denn sie bieten vielmehr die Hyle (des Stoffes), innerhalb dessen der Volksgeist, als Entelechie (seiner Seelenkraft)
schöpferisch bildend emportreibt, um an der Horizontlinie des
ethnischen Kreises die für diesen typischen Völkergedanken
hinauszuwerfen und in den socialen Institutionen dort zu reali-
siren, mit den Keimen weiterer Wandlungsfähigkeit darin eingeschlossen (für den psychischen Wachsthumsprocess). „Wie die
Regierungen die Völker, bedingen die Völker ihre Regierungen,
in der Wechselwirkung des socialen und moralischen Zustandes“
(s. Guizot), indem der Geschichtsgenius des Volksgeistes, seinen cul-
turellen Aussprüchen immanent, sich als die innerliche Entelechie
derselben in seinen fassbaren Verwirklichungen manifestirt. „Dans
toute manifestation de la spontanéité du génie humain, deux objets sont à considérer: l'idée créatrice en elle-même et le fait
résultant de sa réalisation effective“ (s. Gérard). Tel climat
donné, tel peuple suit (s. Cousin). Hallams Satz, dass die Vor-
züge des englischen Staatslebens nicht „to the soil of the island,
nor to the latitude, in which it is placed“ zu danken sind, wäre
dahin zu moduliren, dass der durch die physischen Agentien der
Umgebung vorbedingte Volksgeist sich innerhalb seiner Gesetze,
und durch diese eben, verkörpert, um dann kraft der wieder
auf ihn einfallenden Rückwirkungen derselben im Gang der
ferneren Culturgeschichte die seinen Anlagen eigenthümlichen
Richtungsweisungen vorgeschrieben zu erhalten.

In den „Natural environments“ eines „Milieu“ liegen die Ursächlichkeiten, wodurch der Charakter der Rasse selbst bedingt
ist, nicht nur den physischen Eigenschaften nach, sondern auch
für die psychischen, und diese letzteren, eine psychische Atmosphäre breitend, wirken dann aus dieser wieder selbstständig zurück, unter den „causes variables“ (s. Quetelet) neben den „causes
constantes“ (das Klima u. s. w.), um in solcher Durchdringung
des geographischen Bildes mit historischen Zügen die Cultur-
bewegung einzuleiten (beim Geschichtsvolk). Immer verbleibt
festgeschlossene Gesetzlichkeit (bis zur „moral necessity“ in der
„Physique sociale“), ohne die Freiheit zu beeinträchtigen, wenn
sie sich selbst versteht, aus ihrer Fuge eingefügt in den Einklang harmonischen Kosmos.

Die „Natural laws“ (as primary laws of nature) wirken im
Menschen weiter als „secondary laws of nature“ (s. R. S. Hamilton),

und also psychisch auch mit eiserner Nothwendigkeit zeugend, aber solche Schöpfungen eben, denen die Freiheit selbst inhärirt, für menschliche Auffassung und zum eigenen Besten ausschlagende Verwendungsweise (bei richtigem Verständniss).

In der individuellen Psychologie überwiegt der Eindruck der Persönlichkeit und somit der Freiheit, womit der Einzelne seine eigenen Handlungen zu bestimmen meint, obwohl immerhin der Einfluss fremder Mitwirkungen darin zugelassen ist, so dass das Problem der Freiheit diese nur soweit zulassen kann, als die vorliegenden Complicationen noch nicht eine volle Ausentwick-lung des Causal-Zusammenhanges gestatten. Das bliebe indess zunächst die Aufgabe, und „les lois psychologiques une fois trouvées, on pourrait régler la marche des sociétés humaines, comme on règle la marche d'un méchanisme, lorsque les lois de la dynamique sont bien établies" (s. Naville). Hierfür wird es nun aber vor Allem einer objectiven Umschau dieser psycho-logischen Gesetze bedürfen, wie sie sich in der Gesellschafts-wesenheit des Menschen manifestiren, also aus den ethnischen Thatsachen, um dann eine naturwissenschaftliche Behandlung der Psychologie mit den Hülfsmitteln der Induction methodisch in Angriff nehmen zu können.

Einem statt auf 70 Schläge an der Meeresfläche (s. Parrot) bei dem amerikanischen Menschentypus auf 64 Schläge (s. Rusk) festgestellten Puls entspricht das langsame, umständliche Denken in polysynthetischer Sprache und so die fernere Weltanschauung bei der Projection religiöser Ideen an dem ethnischen Horizont, für vergleichendes Studium (in der Mannigfaltigkeit geographi-scher Provinzen). Le Pouls des Hindous est mou, peu vigoureux, quelquefois intermittent (nach Huillet).

Sobald also die Physiologie eine Beziehung zwischen den Ge-danken und dem Gehirn festhalten zu müssen meint, ergiebt es sich als selbstverständlich, dass bei einer Blutspeisung von 64 Schlägen in der Minute andere Resultate folgen müssen, als bei einem Plus von 6 mehr in jeder Minute.

Der psycho - physische Vorgang selbst mag (trotz Cabanis' Versuche einer Erklärung) als unbekannt verbleibend gelten, die Gedankenerzeugung unerklärlich verschlossen erscheinen, an den „Grenzen des Naturerkennens", aber für das in directer Weise unzugängliche Problem bieten sich jetzt (auf inductivem Wege naturwissenschaftlicher Behandlung der Psychologie) von objectiver

Betrachtung her die verschiedenen Angriffspunkte, wie in den Differenzen eben gegeben, wenn wir in Kenntniss der physischen Umgebungsverhältnisse und ihres gesammten Details genügend fortgeschritten sein werden, um das Total der zusammenwirkenden Effecte in jeder einzelnen der geographischen Provinzen zu verstehen (meteorologisch, topographisch, geologisch, botanisch, zoologisch u. s. w.). Das Milieu definirt sich als „l'ensemble des conditions ou des influences quelconques physiques, morales et intellectuelles, qui peuvent agir sur les êtres organisés" (cf. Quatrefages), und das in der geographischen Provinz hergestellte Gleichgewicht zu neuer Entwicklung anregend (in geschichtlicher Bewegung).

Geregelt vorgeschriebene Gedankenverbindungen werden aus elementaren Grundzügen überall in dem Gesellschaftsgedanken erkennbar sein, wie die Vorstellungen von äusserlich feindlicher Macht (bei Krankheitsstörungen), deren unheimlichen Nachbildern beim Tode u. dergl. m., wie auch psychophysisch sich in dem Abgleich der Töne die überall auf der Erde wiederkehrende Pansflöte erklärt, die Befriedigung durch Farbenzusammenstellungen, die ersten Schritte in der „Grammar of Ornaments", oder das Zählen an Körpertheilen, die Scheidung durch den Sprachausdruck in Ich und Du, und aus dem Tuismus oder Altruismus die Weiterfolgerungen für das persönlich gehörige Eigenthum u. s. w. Dann treten aus der Umgebungswelt der geographischen Provinzen die Differenzen hinzu, indem ein durch frisch und rasch circulirendes Arterienblut gespeistes Gehirn des Polarländers anders arbeiten und reagiren wird, wie das unter der Schwere venösen Blutes träumerisch stagnirende des Tropenbewohners, anders also auch die äusseren Eindrücke verarbeiten, während diese Eindrücke selbst wieder total verschieden einwirken, ob aus polarer oder tropischer Natur, und somit auch total verschieden in solcher Hinsicht am jedesmal ethnischen Horizont projicirt stehen werden, in der typisch charakteristischen Weltanschauung, wie für den gesellschaftlichen Gesichtskreis des Volkes eigenthümlich (mit practischem Eingreifen zugleich der Mitbedingungen aus den rechtlichen Institutionen). Die Ursächlichkeiten für das Resultat ethnischer Vorstellungswelt liegen also in doppelter Weise in den physikalischen Agentien des Milieu, einmal indem diese bereits den physischen Habitus, als Träger der psychischen Thätigkeit, mehr oder

weniger bedingend gestalten, und dann auf diesen wieder mit
Eindrücken auffallen, die nach ihrer Art aufs Neue, in gleicher
Verschiedenheit der physikalischen Agentien (unter Mitwirkung
anderer noch) wegen solcher Verschiedenheit der Reize schon
sich selbst verschieden erweisen müssen, und deshalb verschiedene
Differenzen aus den (im untersten Grundton gleichen) Antworten
hervorrufen.

Aus dem, menschlicher Wesenheit im „Règne morale" (s. Bar-
bençois) eigenen Sinn für Recht und Unrecht entspringt das
Gewissen, bei der Scheidung von Ich und Du in dem durch das
Sprachband geeinten Gesellschaftskörper, der also den in den
Individualitäten scheidenden Riss durch das Zwischenweben recht-
licher Normen auszugleichen strebt und jede Rechtsbeschädigung
als Verletzung zu empfinden hat (in den Gewissensbissen des
jedesmal Schuldigen). Je mehr, die engen Schranken der Volks-
rivalitäten durchbrechend, in dem das Irdische überschreitenden
Sehnen der Charakter eines Weltbürgers zum Bewusstsein kommt.
desto mehr auch, in den erweiterten Beziehungen, häufen sich
die Verantwortlichkeiten nicht nur für Verbrechen (im Bruch
der Staatsgesetze), sondern auch für Vergehen, die mit Sünden-
schuld belasten, und zu Abrechnung hier treibt nun die Karma
im Umschwung eisernen Schicksalsrades, bis der im Erlösungs-
wort Befreite zur ewigen Ruhe eingeht (durch Bodhi verklärt
für Nirvana).

Die im Sein periodisch ruhende Schöpferkraft (eines „Primus
Motor") quillt wieder empor jedesmal in Manifestation der Lebens-
functionen, und bei Steigerung derselben zu denen des menschlichen Organismus schreitet sie (in ihrer Bewegung) über die
physischen Materialisationen hinaus zu fernerer Thätigkeit, kraft
neuer Schöpfung (nach wechselweiser Harmonie der Weltgesetze)
im Denken schaffend, innerhalb seiner Vorstellungen — aus
psychischem Hypokeimenon (sprachlich geeinter Gesellschaftswesenheit) gebildet (als Völkergedanke, den ethnisch gegebenen
Bedingnissen entsprechend).

Wie die Chemie Lavoisiers sich definirt als „la science qui
a pour objet de décomposer les différents corps de la nature,
c'est-à-dire de remonter à leurs éléments" (s. Naville), so hat
die Ethnologie die Vorstellungen der Gesellschaftswelt auf ihre
Elementargedanken zu zersetzen, und wie „la science ne pourra
atteindre son but que par l'expérience guidée par la théorie"

(s. Wurtz), muss für die naturwissenschaftliche Psychologie ihr Anschluss genommen werden an das thatsächliche Material, aus ethnischen Kreisen beschafft.

Herberts „angeborene Begriffe", wenn bei allen Völkern in der Religion übereinstimmend, sind aus angeborenen oder mitgeborenen Voranlagen organisch zu entwickeln (in der Theorie des psychischen Lebens), unter Ueberwindung der Pneumatophobie (s. Cudworth) der Naturforscher, als „Hylomanen", um auch für Einführung der Psychologie unter die Naturforschung sympathischen Consens zu gewinnen.

Obwohl „weder der Geist auf den Körper noch dieser auf jenen zu wirken im Stande ist" (bei Spinoza), bleibt (für die psychophysischen Aequivalente in der Psychophysik) die Frage (naturwissenschaftlicher Methode) „nach dem Verhältniss der Seinserkenntniss zur Entwicklungsgeschichte der menschlichen Vernunft" und „der Ausdruck der Verbindung von Geist und Körper für die Functionsbeziehungen zwischen Geist und Körper" (s. Boehmer). Unter allgemeiner Kraftbewegung der Schöpfungsursachen indessen verschwindet das Gegensätzliche zwischen Körper und Geist unter dem Bilde verschiedener Aggregatzustände, und wie der unsichtbare Duft materiell fassbarer Pflanzenmembranen könnte das Psychische seiner physischen Unterlagen in den Nervenverzweigungen ausströmend symbolisirt werden. Hier tritt dann allerdings das psychophysische Aequivalent, bei gegenseitiger Abhängigkeit, in derjenigen Beschränkung auf, bis wohin allein die Fortwirkungen ausverfolgt werden könnten in der Psychophysik, welche deshalb trotz ihrer richtigen Vorstösse auf das geistige Gebiet, dort eine naturwissenschaftliche Psychologie zu begründen, sich unzulänglich erweisen müsste. Die psychische Atmosphäre der Gesellschaft breitet sich erst mit dem Lebensbeginn dieser (innerhalb welcher die Individuen als integrirende Theilgrössen für das Ganze zusammenwirken), und dann springt als Neugeburt der Völkergedanke hervor, in all der Buntheit seiner Variationen über die Erdoberfläche hin, und so des Materials die Hülle und Fülle liefernd, um inductive Arbeit zu beginnen (nach comparativ-genetischer Methode).

In der Psychophysik lässt sich die Function des Gesichtsorgans in causalgeschlossenen Ableitungen verfolgen bis zum Abmalen des Aussenbildes auf der Retina, und für das Gehör aus den Luftschwingungen bis zum Tonbild. Die aus physi-

kalischen Ursachen folgenden Effecte fügen sich durch psychische
Processe dem Gesammtorganismus ein, temporär in der Empfindung (mit dauernderem Nachhall in der Erinnerung), als ein-
gehörig in das Ganze des Organismus, wie die vegetativen
Processe, die gleichmässig geordnet bewusstlos verlaufen, und
die animalischen Processe, die in periodischer Thätigkeit damit
jedesmal ein Bewusstwerden derselben hervorrufen.

Bis dahin mit den physischen Processen mehr oder weniger
nivellirbar, treten nun die psychischen Processe in eine neue
Region eigener Schöpfung über, durch das aus psychischer Atmosphäre der Gesellschaft (beim Zoon politikon) in selbstständiger
Existenz hervorgebildete Wort, (in Verkörperung zunächst der
sinnlichen Eindrücke), und zwar einem aus gesellschaftlich hergestellter Gemeinbedeutung jedem Einzelnindividuum wiederum
lautlich verstandbarem, mit Fortzeugung in den Ideenassociationen
eines psychischen Wachsthumvorganges (dialectischer Färbung,
wenn subjectiv gefasst).

Was hier nun vor sich geht, ist totaliter von alledem verschieden, was aus physikalischen Vorgängen bekannt ist, oder
aus physischen, indem die Kraftwirkungen jener, die bei diesen
im materialisirten Kreislauf umschlossen sind, im Psychischen
als freies Schaffen sich manifestiren und in solchem, auf die
Individualität zurückwirkend, dort das Bewusstsein einer typisch
dem Naturganzen eingefügten Persönlichkeit hervorrufen, mit
den Ahnungen zugleich, aus Congenialität der eigenen Kräfte
mit der schöpferischen, in das Verständniss dieser einzudringen,
oder doch allmälig vorzudringen auf controllirbarem Wege der
Induction (unter Anbahnung eines sicheren Calcul in naturwissenschaftlich durchgebildeter Psychologie).

Bei geschichtlichem Durchblick der Culturschöpfungen auf
der Erde hat sich mehr und mehr die Ueberzeugung zu festigen,
dass an der durch unsere Gegenwart als naturwissenschaftlich
inaugurirten Methode fortan festzuhalten sein wird, um hindurch-
zudringen nach inductiver Erforschung des Objectiven zum subjectiven Verständniss des Selbst (in ethnischer Psychologie).

Das logische Rechnen bedarf eines δεδομένον, zum Ansatzpunkt für Operationen, und wird diesen, (um nicht in mystischer
Zahlensymbolik umherzuirren), von der Umschau der thatsächlichen
Vorlagen entgegennehmen, also den Menschen, (ehe für die Ursprungsfragen ein Rückgang auf das Thierische gewagt werden

darf), zunächst in denjenigen Typen seiner Gesellschaftswesenheit feststellen, unter welchen die Völker und Stämme auf dem Erdball entgegentreten. Science takes for its province only that which is susceptible of clear intellectual comprehension (s. Huxley). La notion de l'existence est une notion primitive, qui n'est obtenue par aucun syllogisme, elle est évidente par elle-même et notre esprit la découvre par intuition (s. Descartes). Ce qui n'est pas vérifiable par l'expérience, n'est plus du domaine de la science; libre au savant d'expliquer la cause première par telle hypothèse qu'il croira conforme aux faits physiques établis, mais à l'instant même qu'il induit cette hypothèse, il a cessé d'être savant, il devient métaphysicien (s. E. Ferrière).

Die Variationen des Menschengeschlechts erscheinen unter den Bedingungen ihres Habitat in den geographischen Provinzen, so dass aus der Verschiedenheit der, in diesen immanenten, Ursächlichkeiten Rückschlüsse gezogen werden können auf die Effecte aus der Wirkungsweise solcher Agentien, soweit in dem ihnen unterworfenem Organismus nachweisbar. Wie bei Pflanzen und Thieren physisch schon, lassen sich beim Menschen auch psychische Leitungsfäden verfolgen, um das „Post hoc", wo zum Experiment geboten, auf sein „Ergo hoc" zu prüfen und in der Erklärung zu controlliren. La loi des causes accidentelles est une loi générale qui s'applique aux individus comme aux peuples, et qui domine nos qualités morales et intellectuelles tout aussi, bien que nos qualités physiques (s. Quetelet). The diversities of human character, will or mind are precisely analogous to the diversities of soil, climate and other natural conditions, and in fact, to a very great extent, vary in accordance with the variations in those natural conditions (s. Robert S. Hamilton), unter Einfluss des historischen Horizonts (geographischer Provinz).

Auch abgesehen von polygenistischen oder monogenistischen Theorien stellt sich die Controverse über die Rasse selbst, „race or that inherent predisposition, with which man or a nation of men is born into the world", und hier ist der nächste Ausweg geboten im „Nisus formativus", als solchem X, das im Fortgang der Gleichungsrechnungen auf allmälige Substituirung bestimmter Ziffernwerthe Aussicht liesse. Um die Rechnungsoperation überhaupt zu beginnen, bieten sich die Differenzen, wie sie in den Einzelnarealen zwischen den physikalischen Agentien und deren organischen Effecten, also in der Verschiedenheit der Wirkungs-

weisen, sich der Beobachtung darbieten, und also dem Experiment
ausserdem, da es sich zugleich um anorganische Kräfte handelt,
über welche die Naturwissenschaft ihre Herrschaft bereits zur
Geltung gebracht hat, so dass mit ihrer Hülfe, und hierfür an-
gedeuteten Richtung nach, sich Aussicht zeigt, auch Psychisches
zu bemeistern, nach Einführung der Psychologie unter die Naturwissenschaften (auf Grund des durch das ethnische Material vor-
bereiteten Fundaments). In Corollarien (des Porisma) fliesst aus
der gegebenen Demonstration der in Selbstfolge abgeleitete Satz,
zur zwingenden Ueberzeugung (im logischen Rechnen).[*])

Wie in Irland erscheint Lepus variabilis im Norden (mit
amerikanischer Variation im Lepus glacialis) verbreitet, auch auf
südlichen Berghöhen und schottischen Hochländern, wogegen in
den Niederlanden und England Lepus timidus, wie im mittleren
Europa. Im südlichen Amerika findet sich Lepus brasiliensis und
im nördlichen unterscheiden sich Lepus campestris auf den Prä-
rien, Lepus Artemisia in den Felsbergen (auf Artemisia weidend),
Lepus aquaticus in den Sümpfen des Mississippi, Lepus palustris
in den Morästen von Carolina, Florida und Alabama. Im südlichen Europa erstreckt sich Lepus mediterraneus bis Nord-Afrika;
Lepus nigricollis in Java und Mauritius ist eingeführt (s. Blyth)
aus einer Varietät auf indischen Ebenen, und dann sind Species
charakterisirt für Sibirien, den Himalaya (mit einer Variation bis
China), Syrien, Aegypten, Abyssinien und Süd-Afrika. Lepus
variabilis des europäischen Nordens findet sich auch in den
Alpen und Pyrenäen, sowie den Höhen des Kaukasus, im Winter
weissend (im Gegensatz zu derjenigen Anlage innerer Organe,
wonach in geschwärzter Pigmentschicht der Haut gleichzeitig
Ablagerungen stattfinden). Aus der polaren Region erstreckt
sich Lepus variabilis bis nach Grönland (wie das Rennthier),
wogegen die Pflanzen dort dem amerikanischen Bereich zuge-
hören (nach Hooker). Das Kaninchen verbreitet sich über
Europa mit Lepus timidus, aber auch nach Nord-Afrika, wo
Lepus mediterraneus erscheint (unter den Hasen). „Im gegenseitigen Vicariren entsprechen in der Familie der Tylopoden den
Kameelen der alten Welt die Auchenien der neuen, die Pumen
den Löwen, während innerhalb von Felis Leo der hellgelbe Löwe
in Persien, der schwarzbraune in der Berberei, der mähnenlose
in Guzerat u. s. w. sich localisiren, oder für die Ursinen wieder
der Ursus seinen Oertlichkeiten zugehört, als Ursus arctos, Ursus

maritimus, Ursus malayanus, Ursus syriacus, Ursus americanus, Ursus ferox, Ursus labiatus (s. A. G. d. E., S. 8).

Während polare Species im Sommer- und besonders im Winterpelz zur Farblosigkeit neigen, dunkeln tropische (und in „Mimicry" verwirklicht sich ein Streben zu ausgleichender Einförmigkeit). The bones of the Fox-Squirrels, which have rustycoloured bellies, are red, those of the white-bellied varieties are white (s. Murray), im Zusammenhang gemeinsam abschliessender Tendenz (je nach der Prädisposition eines Organismus).

„Es ist anerkannte Thatsache, dass in kalten Ländern Pelz und Gefieder nicht nur der wilden, sondern auch der Hausthiere, welche letzteren doch in den Wohnungen Schutz gegen die Unbilden der Witterung finden, wärmer und dichter werden. So haben in Norwegen und Lappland die Pferde eine krause und wollige, schaffellartige Behaarung. Die jungen Kälber, welche sechs Monate auf den hochgelegenen Triften der Auvergne waren, haben, wenn sie gegen Mitte Oktober von den Bergen herabkommen, ein langhaariges, krauses, wolliges Fell, durch welches sie sich von den in der Ebene aufgezogenen auf den ersten Blick unterscheiden. Nach dem anglikanischen Bischof Heber bedecken sich die aus Indien in die Berge von Caschmir eingeführten Hunde und Pferde bald mit dichter Wolle. In den tropischen Ländern dagegen wird die Behaarung der Haus-Säugethiere spärlicher und kürzer. Unsere europäischen Schafe, welche nach Guinea, nach Peru und Chili, in das Magdalenenthal Amerikas gebracht wurden, verloren dort ihre Wolle und sind heutzutage mit nur dünnem Fliess bedeckt. Aehnliches geschah bei den Merinos, welche die Engländer nach einigen Inseln der Südsee brachten. Man hat sogar den völligen Verlust der Behaarung in sehr heissen Ländern beobachtet, wie z. B. beim Hunde in Guinea, bei einigen Ochsenarten in Süd-Amerika u. s. w. Doch erfahren keineswegs alle unsere Hausthiere, welche in die äquatorialen Länder gebracht werden, eine so durchgreifende Einwirkung des Klimas, ebensowenig wie die nackthäutigen, nach gemässigten oder kalten Ländern gebrachten Arten aus umgekehrten Ursachen die Bekleidung — selbst nach Generationen nicht — erhalten, welche die Natur ihnen ursprünglich vorenthielt, woraus zu schliessen ist, dass in gewissen Fällen der Einfluss des Klimas nicht immer ein unmittelbarer und absoluter ist" (s. Godron).

Die rostrothen und rostbraunen Farben, welche die Vögel in kälteren Gegenden minder ausgebildet zeigen, verdunkeln sich unter wärmeren Himmelsstrichen (s. Gloger). Alle Säugethiere, welche rostgelbe, roströthliche oder rostbraune Färbung besitzen, werden im Sommer röther, als im Winter.

Ob die Verschiedenheiten des Schakal in Indien und in Senegambien für zwei Species entscheiden (nach Cuvier) oder durch die vermittelnden Zwischenglieder (in Variationen) ein-heitlich zusammenzufassen seien (b. Geoffroy St. Hilaire), hängt von dem Standpunkt des Systems ab, immer aber ergiebt sich aus dem Thatsächlichen die Wirkung des Milieu (mit Anhalts-punkten für Erforschung der Ursächlichkeiten).[4])

Wie weit geographische Vertheilung bei der Classification mitspricht, bleibt von dem central einigenden Gesichtspunkt dieser abhängig für das tertium comparationis der Vergleichungen. Die Stellung von Pinus Sylvestris und Pinus Pinea zu einander, als geo-graphische Repräsentanten, mag ändern, bei Nebeneinanderstellen solcher Species, für Anordnung etwa der Coniferen unter der Abies und Pinus begreifenden Ordnung der Abietineen (b. Kirwan), und Gegenüberstellung zu den Ordnungen der Cupressineen, Taxodineen, Taxaceen u. s. w. Wie neben Bisulca und Multun-gula gestellt, können die Solidungula auch den Pachydermata angereiht werden (bei rüsselartigem Gebrauch der Lippen), oder in Betrachtung des Gebisses wieder scheidet sich Mus delicatulus von Antechinus minutissimus neben anderen Aneinanderreihungen von zoologischen Series, wenn wir versuchen zu „read in them the successive manifestations of a thought" (s. Agassiz). Von der Physiologie ausgehend, ergeben sich in festgeschlossene Form (eines Plans) gegossen, Antiozoaria, Actinozoaria und Amorpho-zoaria (b. Blainville) oder Vertebrata, Articulata, Mollusca, Ra-diata (b. Cuvier) in den „embranchements" des Thierreichs, sowie „other plans equally wonderful" für die „unconscious interpreters of a divine conception" (s. Agassiz) bei den Systemen, als „translations into human language of the thoughts of a Creator" eines Schöpfers oder (von theologischer Terminologie abgesehen) der Schöpfung (im Schöpfungsgedanken). Wo zu-gleich praktische Aufgaben Berücksichtigung verlangen, werden diese aus praktischen Gesichtspunkten schon vorzuwiegen haben, wie bei den auf Verschönerung des Lebens bedachten Acclima-tisationsversuchen von Pflanzen und Thieren und (betreffs einer

Colonialpolitik) des Menschen gleichfalls. Obwohl für diese deshalb je nach theoretisch wissenschaftlichen Absichten sich eine Zusammenordnung nach den Schädeln oder den Haaren oder den Augen oder Farbe empfehlen mag, scheint doch die nach geographischer Vertheilung zunächst am angezeigtesten, zumal sich hypothetische Construction eines Ausgangs für die Art, (wie bei Pinaceen in botanischen oder Ursinen in zoologischen Provinzen u. dergl. m.), für die kosmopolitische Verbreitung bereits von vornherein gegeben findet, in Einbegriff des gesammten Globus mit all seinen klimatischen Mannigfaltigkeiten. Unberührt und unbefangen also von jeder Präjudicirung durch vorausgefasste Hypothesen und Discussionen über Eintheilungsweise, hätte man hier vorerst einfach und deutlich vom Ueberblick der factisch vorliegenden Verhältnisse, (ihren thatsächlichen Aussagen nach), auszugehen, bei Betrachtung zunächst des Menschen unter denjenigen Variationen, mit welchen geprägt die Menschheit in den geographischen Provinzen, bunten Vielfachheiten nach, zur Manifestation ihres jedesmaligen Ausdrucks gelangte. In einer Ueberschau der Continente wird sich demnach das Gerüst von selbst ergeben, mit welchem die inductive Forschung ihren Aufbau zu beginnen hat. Als Individuum auftretend, prägen die Erdtheile (s. Ritter) den organischen Productionen den Charakter ihrer Individualität auf, der dann auch die auseinandergehenden Richtungen der Variationen einheitlich wieder zusammenhält. There is generally a New-world facies which distinguishes the life of both North and South America from that of the Old-World, in the same way as there is an Old-World facies applicable alike to European and Asiatic species (s. Murry). Wherever there is a typical difference between the families of the Old- and New-World, it extends equally to those of North as of South America, as in the case of the Vesper Mice and Cotton Rats (North and South America as one single district, great zoological region).

Rabanus Maurus empfiehlt das Studium der Geometrie (Erdmesskunst) „den Aerzten, und zwar besonders deshalb, weil sie mittelst dieser Wissenschaft die eigenthümlichen klimatischen Verhältnisse der verschiedenen Gegenden und die Lage der verschiedenen Oertlichkeiten kennen lernen und danach die Verhaltungsmaassregeln bei Krankheitsfällen angeben könnten" (cf. Specht), in der Nosologie geographischer Provinzen (b. Hippocrates). Ce n'est qu'après avoir étudié les fonctions de l'homme

des pays tropicaux, que nous pouvons examiner l'Européen
venant vivre à côté de lui et essayant de plier son organisme
aux conditions climatologiques nouvelles (s. Jousset). „Verdiente
etwa die menschliche Natur allein jene genauere Aufmerksamkeit
nicht, mit der man Thiere und Pflanzen zeichnet?" (fragt Herder),
um den Grund zu legen, „zu einer sprechenden Naturlehre und
Physiognomik der Menschheit" (auf einer „anthropologischen
Karte der Erde"). Les lettres, la philosophie, les sciences et
les beaux-arts sont aux peuples, ce que les fleurs et les fruits
sont aux plantes (s. Quetelet), aus organischem Wachsthum
emporsprossend (im ethnischen Leben auf dem Erdball). Les
idées sont la pensée sous sa forme essentielle (s. Cousin), verwirklicht im Völkergedanken (je nach der Physiognomie seiner
geographischen Provinz).

In der Familie der Coniferen findet sich ein bestimmter
Verbreitungsbezirk, der, dem Aequator durchschnittlich bis 30°
annähernd (von Ausnahmsfällen in übergreifender Verbreitung
abgesehen), sich hoch nach dem Norden erstreckt (und bei der
Elevation auf Teneriffa mit 5000 Fuss etwa ansetzt). Innerhalb
dieser Familie substituirt die Gattung Araucaria in der Südhälfte
Amerikas die Gattung der Fichte (Pinus Lin.), und als species
vicariae erscheinen dann z. B. für Pinus Silvestris südlich (in
Italien) Pinus Pinea, in den Alpen Pinus Cembra, am Libanon
Pinus Cedrus u. s. w.

Die Ursächlichkeit für die Familie im Allgemeinen würde
in der Hauptsache nun aus dem Sonnenstande zur Erde zu
suchen sein, für die einander ersetzenden Repräsentanten der
Gattungen ausserdem im Totaleffect der Continente, dem auf der
Erde bereits für einige seiner Causalitäten weiter nachzugehen
sein könnte, und für die in den Species auftretenden Variationen
in einer Reihe von Localbedingungen, welche zum Theil de-
taillirterer Durchforschung zugänglich sind. Die Primärursache
läge also hier, wie überall und stets, über den irdischen Gesichtskreis idealisirt hinaus, würde sich aber, als unbekannte
Grösse, in Formeln vielleicht annähern lassen, wenn für die
übrigen Ziffern in den Rechnungen der Induction feste Werthe
(aus Verhältnissbestimmungen) gewonnen sein sollten.

Im südlichen Europa vertreten Pinus Pinea, Pinaster und
halopensis die Stelle der P. silvestris, auf einer gewissen Höhe
über dem Meere werden in Italien jene Arten von diesen ab-

gelöst, die Alpen bieten auf einer bedeutenden Höhe P. Cembra und Mughus dar, die Pyrenäen P. uncinata. Auf dem Libanon trifft man P. Cedrus, in dem westlichen Theile des alten Continents herrscht P. silvestris, in der Mitte Abies und picea, in dem östlichen Theile dagegen P. Larix. Nordamerika hat Arten, die von den europäischen ganz verschieden sind. Die Pinus-Arten des mexikanischen Hochlandes sind eigenthümlich und ebenso die des indischen Hochlandes u. s. w. (s. Schouw) bei Stellvertretung oder Substitution (substitutio).

Die Manna-Esche (Fraxinus Ornus) vertritt im südlichen Europa die Stelle der gemeinen Esche. Fr. excelsior, Erisia arborea die von Er. vulgaris; Lycopus exaltatus, Anchusa italica, Cynoglossum pictum, Symphytum tuberosum sind Substitute für Lycopus europaeus, Anchusa officinalis, Cynoglossum officinale, Symphytum officinale, und so sind Eriophorum capitatum, Geum montanum, Pinguicula flavescens alpinische Substitute für Eriophorum vaginatum, Geum urbanum, Pinguicula vulgaris (cf. Schouw).

Tandisque les Pinus Brutia Halepensis, Laricio, les Biota, certains Cyprès etc. s'accommodent d'un sol sec et calcaire, le P. Strabus demande au contraire un terrain tourbeux et humide, le P. Pinaster réclame les terrains silicieux, secs et profonds, tandisque le Picea excelsa occupe, dans l'hémisphère nord, la zone immense des bruyères humides (s. Carrière). Die Unterschiede zwischen Podocarpus Chile's und P. Elongata (in Abyssinien und am Cap) wären, wenn beide gleicher Species, zurückzuführen auf „la différence de leurs lieux d'indigénats" (s. Kirwan). Pinus silvestris steht neben P. Pinea (in Italien), P. Lariceo (auf Corsica), P. Canariensis (auf den Canarien), P. Mughus in den Alpen, P. uncinata in den Pyrenäen, P. picea in den Apenninen, P. orientalis in Sibirien, P. cedrus im Libanon, P. taeda in der Union, P. occidentalis in Mexiko. Sequoia taxifolia (in Californien) verträgt sumpfigen Torfboden der Provence, nicht jedoch in den Anpflanzungen zu Sologne (Vibraye's). Aus der Familie der Coniferae kommt die Gattung der Fichten (P. Lin.) in der heissen Zone auf der Ebene nicht vor und entspricht der Gattung Agathys (P. Dammara) auf Amboina oder der Gattung Araucaria (P. araucana), während P. Cedrus (im Libanon), Pinus Pinea (in Italien), P. Cembra (in den Alpen), P. silvestris einander ersetzen (unter den Arten). Die Araucaria Bidu (in Moreton

Bay) gedeiht in Cherbourg (unter Einfluss des Meeres), während
sonst schwer zu acclimatisiren (in Frankreich). Dammara Australis
(Lambers), als Agathis Australis (Salisbury) oder Podocarpus
zamiaefolius (Richard), findet sich in Neu-Seeland (als Kauri-
Pine). Dammara (Rumphius) kommt vom malay. Dammar„pati"
oder „batu". Dass P. occidentalis auf Isola de los Pinos (unter
dem Wendekreis) fast bis ans Meer hinabgeht, erklärt sich aus
dortigem Vorherrschen nördlich kalter Winde (b. Alex. v. Humboldt).
Während unter den Eichen Lepidobalanus sich, wie in Amerika,
in Europa und im westlichen Asien (und dann in Japan) findet,
treten in Indien Pasania und Cyclobalanus sowie Chlamydobalanus
auf (in Java auch Lithocarpus). Je grösser die Aehnlichkeit ist,
desto leichter wird die Verbindung des Edelreises mit der
Unterlage stattfinden (s. Courtin) bei der Veredelung (der Coniferen). Die echten Nadelhölzer der nördlichen Hemisphäre werden (auf der südlichen) durch die Gattungen Araucaria, Podocarpus, Cupressus und durch die Casuarinen vertreten (s. Meyen).
The Dammaras (distinguished from the true Pines and Firs)
approach nearest the Genus Araucaria (s. Gordon).

Während auf dem Boden von Paris die Araucaria durch
Feuchtigkeit leidet, wird sie dadurch in der Bretagne begünstigt
„par une de ces lois inconnues et mystérieuses, dont la nature
physique offre tant d'exemples" (s. Kirwan), durch die geographischen Provinzen zu erklären, aus den Bedingungen derselben,
die unter Veränderlichkeit der einzelnen Effecte bei gegenseitigem
Ausgleich miteinander das Gesammtresultat herstellen.[5])

In den für das Studium der geographischen Provinzen vorliegenden Erörterungen wäre zunächst die jeder derselben normal
entsprechende Artform festzustellen, aus der Ueberschau des
thatsächlich (unter vorläufiger Zulassung) gebotenen Sachverhaltes.
Erst im Anschluss auf derartig gewonnene Grundlage würde die
Anpassung zu betrachten sein, nämlich die bei Versetzung von
einem Provinzkreis in einen andern eintretenden Veränderungen,
mit dem Anstreben, ein neues Gleichgewicht (der Immunität) zu
gewinnen. Je nach dem gewaltsameren oder allmäligeren Eingreifen der angeregten Processe mögen dieselben noch innerhalb
des Zustandes der Gesundheit verlaufen oder bereits in pathologische Störungen übergehen, bis zur Acclimatisationskrankheit
und deren kritischer Entscheidung (im Für oder Wider). In
weiteren Modificationen treten dann die in der Vererbung ver-

folgbaren Erscheinungen hinzu, wenn der in fremde Provinz
übertretende Organismus dort zugleich Mischungen eingeht, sei
es für weibliche oder für männliche Hälfte (aus dem einheimischen Typus). Bei genügender Kenntniss des Detail, das hier
in seinen Einzelbedingungen zur Berechnung käme, wird es gelingen müssen, feste Formeln für die Gesichtspunkte aufzustellen,
unter welchen diese verschiedenen Verhältnisse zu betrachten
wären, während bis dahin noch die Mangelhaftigkeit des Materials
überall weite Lücken auszufüllen lässt, deren conjecturale Ueber-
brückung, wenn als provisorische überhaupt hier und da zu
wagen, in Erwartung derjenigen Rectificationen verbleibt, welche
bei späterer Ansammlung zuverlässiger Beweisstücke sich daraus
zu ergeben haben werden. Zunächst wird es in der Hauptsache
also um Beschaffung factischer Beobachtungen sich zu handeln
haben, um Sichtung derselben durch sachverständiges Urtheil,
wie den Fachmännern zu Gebote stehend, in den Specialzweigen
biologischer Forschung (der Physiologie und Pathologie) einer-
seits, sowie andererseits der meteorologischen (mit den verwandten in physikalischer Geographie). Durch das Stürmische
der Wünsche zur raschen Lösung der Problemfrage zu gelangen,
darf der vorsichtig langsame Gang inductiver Arbeit nicht über-
eilt werden, ob Jahrzehnte, ob Jahrhunderte verlangend, das Ziel
zu erreichen. „Si nous voulons vraiment préparer l'avenir, sa-
chons réprimer nos ardeurs et nos espérances" (s. Quatrefages).
Le développement de la science a eu cette double condition:
les observations lentement accumulées, et les essais d'explications
dirigés par la pensée de l'unité de la cause universelle (s. Naville), „de la cause absolue, qui est une en elle-même, et qui se
maintient sous la forme de l'harmonie dans la diversité de ses
effets" (La recherche de l'unité est le facteur essentiel de la
science, le principe générateur des Hypothèses vraies, mais chercher l'unité trop vite et trop bas, c'est la source principale des
conjectures fausses et des systèmes erronés). „Il nous suffit, évidemment, de connaître les principales lois, statiques et dynamiques,
de la sociabilité, pour systématiser convenablement toute notre
existence publique et privée de manière à perfectionner beaucoup l'ensemble de nos destinées" (s. Comte), in der Sociologie
(durch die Psychologie des Gesellschaftswesens).

Bei Betrachtung der geographischen Provinzen sind die Gesichtspunkte verschieden, je nach der Standwahl einer Umschau.

Wenn die echten Nadelhölzer der nördlichen Hemisphäre (auf der südlichen) durch die Gattungen Araucaria, Podocarpus, Cupressus (s. Meyen), Agaven der neuen Welt durch Aloe-Arten der alten u. A. m. ersetzt werden, so liegt die Ursächlichkeit zurück in einem (menschlicher Auslegung zwar teleologisch nicht zugänglichen, doch hypothetisch, vom Liebhaber, supponirbaren) Schöpfungsplan vielleicht (wie bei Aussage der eocenen Flora u. s. w.), unter herstellbarem Zusammenhang in früheren Erdepochen,) und wäre hier zunächst das Thatsächliche als solches entgegenzunehmen, wie wenn Granit, Syenit, Protogin in den Eruptionen dieser Gesteine nach Localitäten gesondert von einander auftreten (cf. Nöggerath). Wie es für die Mineralogie einer Weiterfolgerung aus den ihr gelieferten Materialien (in den Experimenten der Chemie) als Vorbedingung einer statistisch abschliessenden Kenntniss sämmtlicher Vorkommungsarten überhaupt bedarf, so auch in der Pflanzenkunde für Gattungen, Familien, Ordnungen en gros und für Species oder Varietäten en detail. Bei den letzteren lassen sich dann die Causalitätswirkungen für die Unterschiede mitunter in Einzelnheiten schon nachweisen, aus der klimatischen Umgebung (für die Habitatio) oder selbst bereits in der Statio aus dem Boden (bei plantae cretaceae, gypsaceae, silicaceae u. s. w.) oder ungefähr vermuthungsweise hier und da, wenn Pinus Pinea in Italien zu Pinus silvestris, im Anschluss an Vorstellungen über Species vicariae, in Untersuchung gezogen würde, und hier dann und wann im genaueren vielleicht gewonnene Anhalte, (wie für die lebhaft farbigen Grossblüthen der Alpenpflanzen in Ueberfülle des Lichts, des Zusammenschrumpfens der Blätter zu Nadeln bei Coniferen, in Rauhigkeit der Luft u. s. w.) für weitere Gedankenconstructionen Unterlage abgeben möchten (soweit solche thatsächlich zu festigen wäre).

Der Verlauf der Isothermen, Isotheren, Isochimenen, der thermischen Normalen u. s. w. giebt wichtige Andeutungen über den Verlauf der Richtungslinien, während für den Gesammteffect der in den geographischen Provinzen wirkenden Agentien der ihnen congeniale Organismus selbst gleichsam den Index bilden würde, weil der Effect, — wie für die Pflanzen schärfer noch zu präcisiren, als in zoologischer Vertheilung (und weniger wieder beim kosmopolitischen Charakter des Menschen).

„Sobald erst eine gehörige Menge von meteorologischen Beobachtungen an den verschiedensten Punkten der Erdoberfläche gemacht sein werden, so dass die Kenntniss der Isothermen, der Isotheren und der Isochimenen genau in ihrem ganzen Lauf bekannt ist, werden wir schon im Voraus genauer bestimmen können, ob eine Pflanze von ihrem natürlichen Standpunkt nach einem gewissen andern verpflanzt werden kann" (s. Meyen) mit Kenntniss sämmtlicher Agentien in den geographischen Provinzen (und deren Reactionen auf den Organismus). Herder wünscht das Zusammenarbeiten einer freien Akademie für Erforschung einer geographischen „Aërologie" (der Klimawirkungen). There is a general Ratio of heat and cold, which chiefly forms what we call climate and a general resemblance of nations (s. Pitta).

Statt theoretisch die Temperatur zu berechnen (aus dem Winkel, unter welchem die Sonnenstrahlen die Erde berühren, und der Länge der Zeit, während welcher die Sonne an einem gegebenen Orte wirkt), ist der Weg der Erfahrung einzuschlagen aus Thermometer-Beobachtungen (s. Schouw), wie in den Ephemerides societatis meteorologicae Palatinae schon (und seit Pictet's Observationen auf dem St. Bernhard). Jeder Vegetationsvorgang ist an bestimmte Temperatur gebunden (s. Wichelhain). Die Temperatur ist dieselbe bei Menschen verschiedener Rassen (nach John Davy). Die Eigentemperatur der Menschen und Thiere im arktischen Klima ist, so lange sie mit Erfolg den Einwirkungen der Kälte trotzen, keineswegs herabgesetzt (s. Ranke). Die Wärmemenge, welche ein Ort auf der Erdoberfläche von der Sonne erhält, hängt nicht allein von der Dauer des Tages ab, sondern auch von der Höhe, welche die Sonne um Mittag über dem Horizont erreicht (s. Hann).

Statt der theoretischen Berechnungen (bei Halley, Mairan u. s. w.) für Vertheilung der Wärme auf der Erdoberfläche (in den Tabellen Meyers und Kirwans), sammelte Humboldt die meteorologischen Beobachtungen an verschiedenen Orten (um die Linie der Mitteltemperatur zu ziehen). Die Mannigfaltigkeit der Geschöpfe auf Erden „bedingt sich aus dem Winkel der Erdachse zum Sonnenäquator" (klimatisch). „Wie viel mangelnder Vorarbeiten werden wir immer entbehren, ehe wir in physiologisch-pathologische, geschweige an eine Klimatologie aller menschlichen Denk- und Empfindungskräfte kommen können", klagt Herder, „einen Reisenden verlangend, der für den Geist des Klimas reist" (1785). As a matter of course „before we can cook a hare, we must catch it", so before we can classify our firs and pines, we must first secure them (s. Senilis).

Die Wärme, die die Sonne der Erde zusobickt, und deren ungleichmässige Vertheilung die Verschiedenheit der Klimate in den einzelnen Zonen hervorruft, unterliegt dann einer gleichförmig gewordenen Bewegung, in das Erdinnere hineinströmend und sich gleichzeitig vom Aequator entfernend, um sich durch die Polargegenden in den Raum zu verlieren (s. Fourier). Les habitants des contrées méridionales de l'Europe qui ont été les premiers colonisateurs, résistent mieux que d'autres aux influences des climats chaudes et des régions torrides (s. Jousset). Porto-Rico und (in Folge der Einwanderung) auch Havanna zeigt Ueberwiegen der weissen Colonisation, im Vergleich zu Jamaica, doch „la Barbade prouve sa salubrité par la proportion relativement élevée des blancs dans sa population" (s. P. Ch. Pauly). Le climat ne modifie pas du moins dans leurs caractères spécifiques, les animaux sauvages, le climat les tue plutôt que de les modifier. S'il est des espèces qui peuvent exister sous des climats divers, la plupart ne peuvent vivre et se propager que sous une latitude déterminée dont elles ne peuvent dépasser les bornes, sans compromettre leur existence (s. Godron), je nach der Anpassungsfähigkeit (in Plastik). Sole colorari homines non dubium, eousque autem ut nigrescant, non constat (s. Albinus). Caussam equidem proximam adusti aut fusci coloris externorum cutis integumentorum, in abundante carbonaceo corporis humani elemento quaerendam (s. Blumenbach). Der in den Tropen nicht verbrannte Kohlenstoff lagert sich als Pigment ab (J. W. de Müller), und an der Hautfärbung ist zu unterscheiden, ob durch die Tingirung aus dem Rete Malpighii bewirkt oder nur oberflächlich geschwärzt (durch die Temperatur). Blanche ou noire, la peau comprend toujours un derme blanc arrosé par de nombreux capillaires, un épiderme plus ou moins transparent et uncolore. Entre deux est placé le corps muqueux, dont le pigment seul en réalité varie selon les races de quantité et de couleur (s. Quatrefages). Die Ohrenschmalzdrüsen führen von Talg- zu Schweissdrüsen (insensibler Perspiration). Zur Eiszeit „there will be in relation to the sea-level a depression of the land on the northern hemisphere and an elevation on the southern" (s. Groll). With extinct, as with existing mammalia, particular forms were assigned to particular provinces (the same forms were restricted to the same provinces at a former geological period as at the present day) nach festem Naturgesetz (s. Owen).

Zwischen der Beobachtung und der Weiterfolgerung steht die Hypothese, die sich indess, im subjectiven Ausdruck vorläufiger Vermuthungen, um so mehr unterdrückt finden wird, je deutlich klarer bereits die Nothwendigkeit des Ergebnisses, und also die Richtigkeit desselben, objectiv hervortritt, um dann, ohne Zuthat jeder Leitfrage, der Prüfung überlassen, in doppelter Controlle ihre eigene Beweisführung zu übernehmen. Dies wird desto directer geschehen, je reicheres Material scharf constatirter Beobachtungen und Thatsachen zu Gebote steht, wogegen bei Unzulänglichkeit derselben allerdings die Vermuthung selbst hypothetischer Discussion nicht ganz entzogen bleiben könnte, und so liegt in der Materialbeschaffung ein „conditio sine qua non" für diejenige Forschungsweise, welche wegen Vorwaltens der Induction von dieser ihre charakteristische Bezeichnung entnimmt. „En tous nos ordres de rechercher, la méthode se compose de trois éléments: observation, supposition, verification" (s. Naville). „Toute verité est, sous sa forme première, une hypothése qui n'a de valeur que lorsqu'elle est verifiée et qui lorsqu'elle est verifiée, devient soit un théorème, soit une loi, soit enfin la détermination d'une classe, d'une cause ou d'un but", und danach bedingt sich der vorwiegend analytische oder synthetische Charakter in einer Untersuchung. „Dans les sciences mathématiques, les théorèmes sont démontrés immédiatement et avec certitude. Les ouvrages, qui exposent les découvertes faites dans ces sciences ne renferment donc pas des hypothèses plus ou moins probables. Le théorème n'a existé à l'état de conjecture que dans la pensée du savant, et pendant un laps de temps comparativement court, la vérification est prompte et se fait au moyen de la déduction rationnelle. Il en résulte qu'on se figure assez facilement être parvenu à la découverte de la vérité par la voie déductive qui n'a servi qu'à sa vérification. Le procédé par lequel on trouve est ainsi confondu avec le procédé par lequel on prouve" (s. Naville).

Die naturwissenschaftliche Methode hat die Sicherheit der mathematischen anzustreben, wie es ihr um so eher gelingen wird, je längere Reihen thatsächlicher Beobachtungen vorliegen, in womöglich statistischer Vollständigkeit. Wie aus den Ideen-Associationen sich für die Sprache die Generalisation in Allgemeinbegriffen ergiebt, so im Denken über sprachliche Bestimmungen hinaus die Deduction, deren Richtigkeit stets wieder von der Gründlichkeit des inductiven Gerüstes, auf dessen Unterbau sie allein ihre Stützen findet, abhängig bleiben muss, um nun, wenn aus gegenseitiger Controlle ungeschwächt hervorgegangen, sich behaupten zu können. Geht die Deduction, wie oftmals im vorläufigen Experimente nicht zu vermeiden, über die factischen Unterlagen mit ihren Constructionen hinaus, so beginnt es zu wackeln und schwanken vermuthungsweise nur, bis durch ergänzendes Nachsammeln der noch mangelnden Beweisstücke, in diesen eine Stetigkeit gewährt wird, um auf dem gesicherten Wege der Induction vertrauensvoll fortzugehen.

In der Mathematik erhält die Hypothese apodiktische Sicherheit durch die Demonstration, weil ganz innerhalb mechanischer Denkgesetze verlaufend, die festen Regeln folgen müssen. In der Physik, obwohl noch mit dem Anhalt an naturwissenschaftlich deutliche Beobachtungen, geräth die Hypothese bereits ins Geschaukel, und darüber hinaus verliert sich in der Dialektik die Controlle leicht völlig, bis einst die Mechanik des Geistesreichs entdeckt sein wird, und wie, als im Verfolg von Barrows und Wallis' Rechnungen die Differentialrechnung sich zu ergeben hatte, dem begabten Genius Leibniz' „l'honneur de cette invention" (s. Montucla) zukommt, mag auch die naturwissenschaftliche Psychologie einst auf denjenigen hoffen dürfen, der für unendliche Gedankenreihen das leitende Gesetz festzustellen hätte (im Setzen desjenigen, was als gesetzt, gesetzlich sich erweist) im Grössten und im Kleinsten, ob für $\ddot{\alpha}\pi\varepsilon\iota\varrho o\nu$ $\varkappa\alpha\tau\dot{\alpha}$ $\pi\varrho\acute{o}\sigma\vartheta\varepsilon\sigma\iota\nu$ und $\ddot{\alpha}\pi\varepsilon\iota\varrho o\nu$ $\varkappa\alpha\tau\dot{\alpha}$ $\delta\iota\alpha\acute{\iota}\varrho\varepsilon\sigma\iota\nu$ (s. Aristoteles) oder „Regressus in indefinitum" und „Regressus in infinitum" (bei Kant), aus logischem Rechnen (zum Differenziren und Integriren).

Ob nach den Naturwissenschaften ($\mu\varepsilon\tau\dot{\alpha}$ $\tau\dot{\alpha}$ $\varphi\nu\sigma\iota\varkappa\acute{\alpha}$) oder über dieselben hinaus liegend, beweist die Metaphysik als $\pi\varrho\acute{\omega}\tau\eta$ $\varphi\iota\lambda o\sigma o\varphi\acute{\iota}\alpha$ (bei Aristoteles) oder „la philosophie première" (s. Descartes), jene getrennte Sonderstellung, die von der Deduction mit Absicht und bewusstem Stolz beansprucht zu werden pflegt, ehe die Induction ihre Brücken zu schlagen versuchen durfte (mittelst naturwissenschaftlicher Psychologie), ohne die Gefahr ketzerischer Aechtung, wie sie vormals nicht ausgeblieben sein würde (vor philosophischem Tribunal). Oft haben die Schlagwörter des Streites zwischen Descartes und Gassendi geklungen: O matière!

O caro! — O pur esprit! O mens!, in mancher „Societas quae-
rentium" (wie in jenensischer Musenzeit schon zu Leibniz' Zeit),
bis zum „Kampf um die Seele", (περί τε ψυχέων ἐμάχοντο), als
die Fragen gestellt wurden über „Kraft und Stoff", unter Vorbereitung naturwissenschaftlicher Psychologie (mit neu zugetre-
tenen Hülfsmitteln des ethnischen Materials).

Wie der Raum als reine Anschauung, gelten Substantialität,
Causalität und Existenz als Verstandes- oder Denkformen (subjectiv kritisirender Vernunft), während sie vom objectiven Standpunkt erst in ihren Ableitungen zu präcisiren wären (für die
richtig entsprechenden Umgrenzungen).

Ob das Roth, je nach der Beleuchtung, mit den Uebergängen
in das Braun schillert, ob je nach der Schärfe der Sinnesanlagen
die Nuancirungen in feinen Differenzen unterschieden werden,
führt bei der Denkoperation auf den Einzelnfall zunächst, ob im
Facettenauge geistiger Betrachtung die Zertrennungen auseinander
gehalten bleiben oder, bei Abänderung des optischen Apparates
im gemeinsamen Centrum in Verknotungen sich kreuzen.

Im Zusammenhang äusserer Qualitäten (secundärer und primärer Art) mögen dieselben unter den Umrissen eines Dinges,
(in der Dingheit), erscheinen, mit den Conturen optischen Bildes,
das indess, weil in der Mirage vielleicht nur gespiegeltes (unter
den Kategorien der Modalität), für seine Substantialität, als
raumerfüllend, unmittelbare Ueberzeugung noch verlustig geht
(zur Realität des Seins). Das in substantieller Existenz dauernd
hindurchgehet, unterliegt dem bei späteren Verstandesconstruc-
tionen für das fortschreitende Verständniss des Seienden (im All)
mit jedesmaligem Stufengrad übereinstimmig entworfenen Riss (für
idiosynkrasisch beliebten Weltplan). Wenn zuerst ein Eisstück
erblickend, wird der Tropenländer dasselbe dem Salz oder Zucker
an die Seite zu setzen eher geneigt sein, als dem Wasser, ohne
noch durch das Kältegefühl und durch den in der Wärme veränderten Aggregatzustand auf die von äusseren Verhältnissen
abhängigen Daseinsbedingungen (momentan wechselnder Existenz)
geführt zu sein. Wenn neben dem Festen und Flüssigen auch
das Dampfförmige unter bestimmter Composition aus Oxygen und
Hydrogen einbegriffen wird, so entspricht die dafür hergestellte
Formel dem je nach dem eingenommenen Standpunkt der Chemie
dafür gefällten Ausspruch. Sollte ein allmäliger Rückgang bis
auf Kraftcentren sich als erlaubter erweisen, so würde mit dem

Ausfall materieller Substantialität die Raumerfüllung dem Sein entfallen, und die Kraft für die Sinnesqualitäten erst zu ihrer Verwirklichung im Stoffe gelangt sein, aber die Unterbreitung einer Hyle dennoch in Voraussetzung verbleiben, um für die dahin tendirende Verstandesauffassung ihr Aequivalent zu gewinnen. Wenn bei dem aus psychischer Atmosphäre projicirten Gesellschaftsgedanken, indem das ἀνόραιον der Materie (bei Plato) zu noch directerem Eindruck gelangt, das Absehen von derselben näher gerückt liegt, wird die individuelle Theilseele dennoch sich aus leiblicher Verknüpfung derjenigen Ausdehnung nicht entäussern können, die in raumerfüllender Umgebung mit den Dingen sich berührt. Hier kann die Lösung zwiespältigen Problems aus der naturwissenschaftlichen Psychologie erst zu erhoffen sein, wenn dieselbe im Fortgang logischer Rechnenkunst bis auf Erfindung eines höheren Calcul sich weitergeführt finden möge, in einer Differential- und Integralrechnung für psychische Operationen (in den Ahnungen des Unendlich-Ewigen).

Bei naturwissenschaftlicher Induction handelt es sich um die Berechnung der Verhältnisswerthe, während der Rückgang auf die Wurzel, als Anfang der Dinge, für die Dialektik abgeschnitten ist, sobald im Sein seine Ursprungsfragen berührend.

Innerhalb der Vergleichungsformeln bieten sich der Combinationen vielerlei, für welche gesetzliche Motivirung denkbar, aber, (weil jenseits irdischen Horizontes fallend), nicht ausdenkbar ist, dem zureichenden Grunde nach.

Indem für die Gedankenanordnung (im Ueberblick organischer Schöpfungen) die Theilung in ein vegetabilisches und animalisches Reich sich empfohlen hat, oder auch, nach weiter hinzugetretenen Ansichten, ein intermedianes ausserdem, so lassen sich dementsprechend innerhalb der geographischen Provinzen botanische und zoologische setzen, mit mancherlei Kreisungen für concentrische (oder übereinander verschobene) Scheidungen (und anthropologische Provinzen innerhalb ihres ethnologischen Horizontes), und je nachdem Ordnungen, Familien, Gattungen oder Arten nebeneinander gestellt werden, als vicariirende Repräsentirungen, ändert sich die Scene der Anschauungsweise. Die Lamas lassen sich auf westlicher Hemisphäre als Vertreter der Kameele fassen, für tropische Affen in gemässigter Zone die Bären unter gewissem Gesichtspunkt, und innerhalb dieser würden wieder Ursus arctus, ferox, maritimus, malayensis u. s. w. für einander eintreten, oder andererseits die Puma für die Löwen, wie auch deren klimatische Differenzen in berberischen, capischen, guineaschen u. s. w. „The tiger begins to appear, where the lion begins to die out" (s. Murray), so dass noch über weitere Umwandlungen speculirt werden könnte, bis zum „Mammalian descent" (s. Parker) der „ancestors of the original teatless mammals (Prototheria)", mit Glied auf Glied in endloser Kette, wo dann, mit dem Berühren von Ursprungsfragen wieder, rationelle Forschung, die innerhalb der vernunftgemäss vorgeschriebenen Grenze zu bleiben beabsichtigt, damit abzuschliessen hätte.

Während in der Deduction (nach altem Refrain) Ursprungsfragen ad absurdum verlaufen, hinaus in unendliche Reihen, (vom Ersten zum Ersten des Ersten, in infinitum), bilden sie für die Induction, wie jedes ihrer Ziele, nicht den Anfang, sondern das angestrebte Ende der Forschung, und wären hier zunächst thatsächliche Aussagen zu constatiren, wie im anorganischen Reich bei den Elementen, im organischen bei den Typen der geographischen Provinzen.

Und diese, sofern Erklärungen dann für das Warum den (in solarischen Beziehungen über das Terrestrische und dessen Causalitäten hinausreichenden) Variationen gewährend, — auch die Unterschiede oftmals ermöglichend zwischen scheinbar ursprünglich Angetroffenem und später (in Wanderungen) Hinzugekommenem, — finden hier dann gerade einen Anschluss für Forschungsrichtungen, die bei dem stumm Vorhandenen im Anorganischen, betreffs der Entstehungsgeschichte der Erde selbst, ohne Antwort bleiben würden. Der Philosophie sind ihre letzten Gründe die ersten des Ausgangs, während von der Induction als Ziel erst angestrebt (zur Lösung des unbekannten Restes im Problem).

In allen Naturgegenständen (oder Gegenständen überhaupt), die zum Studium gestellt sind, räthselt das Denken an sich selbst herum, an den Problemen eigener Existenz im Dasein (und am Dasein selbst). In mehrweniger bewusstem oder unbewusstem Gefühl einer solchen, menschliche Bestimmung ausfüllenden, Aufgabe, lockt leicht die Verführung, im Sturmesangriff zu nehmen, was nur nach langsam umständlich beschwerlicher Arbeit methodischen Forschens am Endziel desselben mit der Siegespalme lohnen kann und lohnen wird. So wird die Ursprungsfrage vorangestellt und dadurch in alle Systeme der Speculation ihr $\pi\rho\tilde{\omega}\tau o\nu$ $\psi\epsilon\tilde{\upsilon}\delta o\varsigma$ eingeführt, da unendliche Reihen

zu äffen haben, in infinitum (oder indefinitum doch), so lange
nicht der Calcul einer Integral- und Differentialrechnung zu ihrer
Bemeisterung erfunden ist, ein solch höherer Calculus aber evi-
denterweise vorherige Absolvirung des einfacheren voraussetzt,
also zunächst des elementarsten in den Vier-Species, welche
mechanisch anzuerlernen sind, durch die inductive Methode (der
Naturwissenschaft). Wie die Mathematik, um das Rechnen, (mit
der Eins, als erstem Glied der Reihe), zu beginnen, von einem
δεδομένον auszugehen hat, so innerhalb jedes naturwissenschaftlichen Forschungskreises die Betrachtung desselben, und wie der
Chemie in den soweit unzersetzbaren Elementen ihr „Datum"
geliefert ist, so dem organischen Reiche, in demjenigen ihrer
Erscheinungen, welche als im Gleichgewicht mit (makrokosmi-
scher) Umgebung sich dadurch in eine Gleichungsformel über-
führbar erweisen, um für unbekannt verbleibendes X den Ziffernwerth zu gewinnen (mit der Möglichkeit, sich auch an unendliche
Reihen später zu wagen, unter schliesslicher Annäherung dessen
vielleicht, was im Ursprung und seinen Fragen verschlossen
liegen mag).

Ein solcher Ausgangspunkt würde sich deshalb, bald mehr
bald weniger brauchbar, in den geographischen Provinzen bieten,
für vergleichende Uebersicht zunächst, und Ausverfolgung genetischer Entwicklung im Werden (unter comparativ-genetischer
Methode der Induction). Soit que d'un peuple unique partent
des peuples, qui peu à peu diffèrent, soit que ces différents
peuples se soient formés séparément sans autre lien que la nature
humaine, commune à tous, toujours est il que ce peuple primitif
ou cette nature commune à tous aboutissent à des développements différents, et ces développements différents tombent seuls
dans l'histoire (s. Cousin), so dass die Ethnologie, für inductive Behandlungsweise, von den thatsächlich vorliegenden
Anschauungen auszugehen hat (im Ueberblick der auf dem Erdenrund entgegentretenden Variationen des Menschengeschlechtes).

Was sich im Denken bethätigt, bleibt instinctiv gefühlte
Aufgabe, (als in der Bestimmung des Menschen involvirte Ob-
liegenheit), die von Natur und Welt (von dem Sein des All)
gestellten Probleme herauszurechnen (im Denken, als logischem
Rechnen), und hier, nach arithmetischen Grundprincipien, ist
von einem Gegebenen auszugehen, um nach genügender Geübt-
heit in den Elementaroperationen sich dann späterhin vielleicht

an complicirtere Methoden zu wagen, für Variationsrechnung (auch im Fluxus der Psychologie). Non excogitandum, neque fingendum, sed inveniendum quid natura faciat aut ferat (s. Bacon), nach naturwissenschaftlicher Methode (der Induction).

Wenn jenseits des Empfindens (durch specifische Sinnesqualitäten) im Inhalt des Bewusstseins, als Besitz desselben, die Anschauung schon liegt (s. Kant), so würde es sich bei den Formen derselben (unter welchen die äusseren Auffassungen eintreten) um die gesetzlich begründeten Processe gewissermaassen zu handeln haben, unter welchen der psychische Wachsthumsprocess mittelst der in den Wahrnehmungen gelieferten Ernährung, seine Vorstellungen (aus ursächlich geschlossener Causalität) schöpferisch hervorbildet, zu Blüthen ansetzt, in Früchten entfaltet, und in Wiederspiegelung der Reflexthätigkeit nach aussen hin dann projicirt, um so aufs Neue, in höherer Entwicklungsstufe, von dorther aufzunehmen und weiter durchzugestalten (im Fortschritt des Denkens). Die unteren Stadien des Denkens wurzeln in dem apriori gebreiteten Raum, in Folge der Ausdehnung (s. Spinoza), wie dem Seelischen aus Verknüpfung mit dem Leibe bereits inhärirend, während später dann, (wenn das Subject das ihm selbst Gehörige zu gewinnen beginnt), die Wechselwirkung auf rein psychischer Atmosphäre der Gesellschaftswesenheit erfolgt (im Völkergedanken).

Im Gegensatz zu aprioristischer Construction der Denkgesetze in der Welt, bleibt der Induction ihre Offenbarung zu beschaffen aus den Ergebnissen der Arbeiten, als „Ausleger der Natur, nicht ihr Gesetzgeber" (s. Baco), und so würde es in der Psychologie auch zu gelten haben (bei naturwissenschaftlicher Behandlungsweise). Les faits sociaux, influencés par le libre arbitre, procèdent avec plus de régularité encore, que les fait simplement soumis à l'action des causes physiques (s. Quetelet), und so aus den psychischen Wachsthumsprocessen wird sich im Völkergedanken der nationale verstehen (und mit ihm der eigene des Selbst).

Wenn auch die wägbaren Substanzen durch ihre Bewegungsweise eine bevorzugte Bedeutung für die psychischen Phänomene behalten sollten, wird den wägbaren immer die richtigste Bedeutung für die Organisation der Systeme bleiben, wodurch die Form dieser Bewegungen bestimmt wird (s. Fechner). L'amour est le grand moteur de l'énergie morale, comme la volonté en est la directrice, comme la raison en est la lumière (s. Vacherot). Im Fortschritt der Culturgeschichte wird die Natur geschichtlich im Menschheitsgeist assimilirt, im organischen Fortsprossen, wo „le présent gros de l'avenir" (s. Leibniz), in Solidarität der Interessen (durch Raum und Zeit) zum Hervortreiben der Culturblüthen (im Geschichtsgang). In dem Gesellschaftscharakter erst erfüllt sich der Mensch ganz und voll, εἷς δ'ἀνὴρ οὐ πάνϑ'ὁρᾷ (s. Euripides), und λετή δέ τε μετις (b. Homer), wie auch (trotz göttlicher Verwandtschaft sein νοῦς) wenn allein, als der „Einzige".

Um an dem für ihre Eigenthümlichkeit kennzeichnenden Principe festzuhalten, hat die naturwissenschaftliche Methode auf jedem ihrer Forschungswege dort stehen zu bleiben, wo sich ein letzter Augenpunkt deutlich noch markirt gezeichnet steht (wie in den Elementen der Chemie), um vom analytisch gewonnenen Ausgange an synthetisch sodann emporzusteigen, in logischen Rechnungen (soweit diese reichen).

Durch Schaden klug geworden, wird sich die Chemie vor dem Anachronismus alchymistischer Träumereien zu bewahren wissen, während die Zoologie im Nachgeschmack naturphilosophischen Urschleimes sich auch heute noch gern dem Plasma zuwendet, als „Basis alles Lebens" (s. Richter). Aber „en réalité nous n'atteignons jamais des éléments simples, nous restons toujours dans le complexe, mais il suffit d'atteindre des éléments fixes pour que l'induction soit bonne" (s. Naville), zum Ansatz psychologischer Rechnungen (am διδόμενον). As regards knowledge, physical science is polar. In one sense it knows, or is destined to know, everything. In another sense it knows nothing. Science knows much of this intermediate phase of things that we call nature, of which it is the product; but science knows nothing of the origin or destiny of nature (s. Tyndall). „Science has done much for us, but it is a poor science that would hide from us the great deep sacred infinitude of Nescience, which we can never penetrate, on which all science swims as a mere superficial film" (s. Carlyle).

In der Biologie, als Wissenschaft des Lebens, einer aus den „forces primitives" (b. Leibniz) der Entelechie (s. Aristoteles) beständig quellenden Bewegung, gewährt sich der Ausgangspunkt in dem aus gesetzlichen Harmonien wahlverwandtschaftlich hergestellten Gleichgewicht, in geographischer Provinz (botanischer, zoologischer oder anthropologischer für Pflanze, Thier und Mensch).

La vie ne se conçoit que par le conflit des propriétés physico-chimiques de milieu extérieur et des propriétés vitales de l'organisme réagissant les unes sur les autres (s. Bernard), und für „l'évolution complète d'un être vivant" unter („les lois organotrophiques ou vitales") „son organisation est la conséquence d'une loi organogénique qui préexiste d'après une idée préconçue et qui se transmet par tradition organique d'un être à l'autre" (in biologischen Hypothesen).

So erscheinen die Geschöpfe als „Modificationes essentiae divinae" (bei Spinoza), im Schöpfungsgedanken (s. Agassiz), und diese nachzudenken, wäre zu versuchen, wenn für Begründung einer naturwissenschaftlichen Psychologie Aussicht sich eröffnen liesse. La société (en vertu de principes conservateurs) a aussi sa physiologie, comme le dernier des êtres organisés (s. Quetelet), und der inductive Forschungsgang steigt aus dem Studium der Kryptogamen (in den Naturstämmen) aufwärts empor zu den Culturschöpfungen (der Geschichtsvölker).

Der Wachsthumsprocess im Denken wurzelt zunächst auf specifischen Thätigkeits-Aeusserungen der Sinne, nach einem naturnothwendigen Zusammenhang (optisch, akustisch, in Geruch, Geschmack, durch Tasten gegeben), der, in die Physiologie (und psycho-physische Untersuchungen) fallend, bei höher differenzirten Thieren sich ausspricht (wie das Athmen den Lungen, die Verdauung dem Magen eignet u. s. w.). Wenn über diese Basis, (auf welcher die Realität erst bei später, aus anderswoher, gewonnenen Conceptionen, durch darauf geworfenem Rückblick in künstliche Fragestellungen des Skepticismus geräth), wenn über solche in Naturnothwendigkeit gebreiteten Unterlagen hinaus das Denken bei der Selbstbeobachtung auf Begriffe gelangt, die (im Sein, Substantialität, Causalität) leer und inhaltslos erscheinen, so hat der Denkprocess von hierab sodann, um eine richtige Fassung des Problems zu erhalten, aus der Gesellschaftswesenheit des Menschen den Socialgedanken als Ausgangspunkt zu nehmen, um aus den in der Vorstellungswelt projicirten Anschauungen jene Begriffe als naturnothwendig inhärirend, (wie die Farbenscala z. B. dem Gesichtsbild nach optischen Gesetzlichkeiten), abzuleiten. Mit dem ersten Schritt über das Sinnliche hinaus ist das Denken bereits in einen völlig neu veränderten Bereich eingetreten, aus dem physischen in das psychische, in das Geistesreich eben, die Schöpfungen nämlich der durch Sprachaustausch (in

Thätigkeitsäusserung des Gesellschaftskörpers) hervorgerufenen
Welt. Dies gälte bereits für erste der einfachsten Generalisationen,
wie wenn etwa neben Buchen, Eichen, Linden u. A. m. (mit den
Detailauffassungen der Blätter, des Wesens, des Aufwachsens
u. s. w.) der Begriff des Baumes (in sprachlicher Doppelung des
optischen Bildes) sich aufdrängte, er sich nicht aus allmälig an-
einandergereihten Associationen individueller Eindrücke herstellen
würde, sondern fertig gebildet in das Denken eintreten müsste,
als naturnothwendiges Ergebniss aus der Auffassung eines Aussen-
dinges, das sich im gesellschaftlichen Zusammenwirken in der
(psychisch geschaffenen) Vorstellungswelt objectivirt hat und dort
gegenüber steht. In ähnlicher Weise hätte es fortzugehen, wenn
sich auf höheren Stufen die Ideen des Rechts manifestiren, die
mythologischen im bunten Spiel, die religiösen auf dunkel däm-
merndem Hintergrunde u. dgl. m., aber bei den untersten Generalisationen bereits kommen, nach „la grammaire générale" (bei
Thurot), die vom Denken scheinbar in sich vorgefundenen Begriffe
zur Fragestellung, aus dem durch Wegfall materiellen Wider-
standes gegebenen Unterschiede des Psychischen zum Physischen,
des Sein zunächst (mit der Substantialität), während die Causalität
als gleichmässig fortwirkend empfunden wird, wie schon in den
Sinnesorganen (und sonst körperlichen Reflexbewegungen). Die
Existenz des Baumes wäre so als reale zu setzen, indem durch
Naturgesetze, wie aus secundärer Vertretung im Psychischen
fortwirkend, (und mit fortschrittlicher Aenderung ihrer Productionen entsprechend modificirend), naturnothwendig geschaffen,
und aus dem unabweislichen Gefühl einer Differenz zwischen
solch psychischer Existenz und der im unmittelbar Sinnlichen
eingedrückten, entspränge der Begriff der Substantialität (im Vergleich seines Mangelns und seines Vorhandenseins) als natur-
nothwendige Folge (im Wachsthumsprocess des Denkens hervor-
spriessend). Abgetrennt (bis auf die psycho-physische Brücke)
vom Sinnesdenken (im Thierischen), bewegt sich das reine
Denken demnach auf völlig verschiedener Basis, innerhalb der Vorstellungswelt nämlich, welche durch psychische Thätigkeit selbst
erst geschaffen ist (am Horizont der Gesellschaftswesenheit für
das Zoon politikon). Die bei individuell beschränkter Selbstbeobachtung leer und inhaltslos schwebenden Begriffe, — bei ab-
bleichender ἅπλωσις, (alexandrinische), Betäubung suchend in der
ἔκτασις —, beleben sich demgemäss (bunt und vielgestaltig) mit

Fleisch und Blut, wenn im Organismus des Völkergedankens aus
den physiologischen Processen desselben verstanden (und ausverfolgt in der Culturentwicklung). Als Voraussetzung des Denkens
gilt es deshalb, diese Vorstellungswelt deutlich construirt zu
setzen, als Diorama menschlicher Weltauffassungen in der ganzen
Möglichkeit sämmtlicher Variationen über den Raum hinweg und
durch die Zeit hindurch (und solcher Aufgabe zu genügen, ist
im Geschichtsgang der Zeitrichtung die Menschenlehre ins Dasein gerufen, zu gegenwärtiger Geburtsstunde eines voraussicht-
lich langen, und hoffentlich erfolgreichen, Wirkens).

Der festgeschlossene Ablauf, der auf gesetzlich vorgeschrie-
benem Rechtswege bei exacter Durchforschung der Natur überall
entgegentritt, hat sich dem Menschen für seine leibliche Hälfte
gleichfalls fühlbar zu machen, physiologisch (bei normaler Gesundheit) und pathologisch (unter krankhaften Störungen). Der Beweis-
ausschlag wird hier durch die Wechselbeziehung zwischen Ursache
und Wirkung gegeben, in der Uebersicht bis zu Zwecken, innerhalb
deren Kreisbewegung, im Spiel der Agentien, ihre Thätigkeiten
sich gegenseitig bedingen, und im Wiederholen, der Beobachtung
und des Experiments, vorwärts sowohl wie rückwärts, controll-
lirende Bestätigung gewähren. Mit dem Psychischen setzt eine
neue Richtung ein, die im Irdischen ihres Abschlusses, also auch
ihrer Uebersicht, ermangelnd, den Zweck ausfallen lassen muss
(um in teleologischer Verstümmelung willkürlich deutende Theorien
zu vermeiden), und nur die Hinrichtung auf Ziele festhalten kann,
soweit sich für den innerhalb des Umkreises sicherer Beobachtung fallenden Theil der Curve eine gesetzliche Vorausberechnung
bereits rechtfertigen kann. Für das Sinnfällige ist zwingende
Sicherheit in den Gleichungen gegeben, wie bei dem Quadrat
der Hypotenuse rechtwinkeligen Dreiecks als mit den Katheten
entsprechend, bei dem Uebersinnlichen dagegen würde sich die in
das Unendliche verlaufende Tangente auf denjenigen Berührungs-
punkten nur, die geboten vorliegen, in die Formeln einer Berechnung bannen lassen (durch adäquaten Calcul). Soweit sich
dennoch in dem materiell den Augen Vorliegenden von Natur-
gesetzen reden liesse, würde bei dem als Geistiges weiter Schaf-
fenden diejenige Modification eines jenseitigen Fortwaltens sich
spüren, welche unter verschiedenen Namen (je nach dem ethnischen
Standpunkt der Cultur) als Gottheitliches im Sprachgebrauch sich
fasste, bei ersten und letzten Ursachen („the great first cause

least understood") im πρῶτον αἴτιον, aus melodischem Einklang
dem lauschenden Ohr hervortönend (im harmonischen Kosmos).

Während also im Irdischen, so oft das Auge die Peripherielinien seines Horizontes umschaut, in die Einzelnverhältnisse deut-
licherer Einblick ermöglicht ist, als aus luftig verwehender Ge-
hörsauffassung, hallen in dieser dagegen auf Höheres verweisende
Ahnungen, für den, aus dem ἄπειρον mit Fesseln eines πέρας in
Worte gebundenen, die Gedanken des Individuums aus gesell-
schaftlichem Zusammenhang klärenden Denkprocess (sprachlichen
Austausches), so dass aus dem Völkergedanken erst das Selbst
zum eigenen Bewusstsein gelangt und demgemäss sich verstehen
wird (in naturwissenschaftlicher Psychologie). „Un des principaux
résultats de la civilisation est de resserrer de plus en plus les
limites dans lesquelles oscillent les différents éléments relatifs à
l'homme" (s. Quetelet), und so wird auch das geistige Schaffen
unter gesetzlichen Banden zu überblicken sein (in einer Gedankenstatistik).

Während die Existenz überhaupt (bei Berkeley) oder doch
die der secundären Qualitäten (s. Locke), wie durch specifische
Sinnesauffassung vermittelt, nur in dem Wahrnehmen läge, würde,
gleich der Gestalt (bei Plato) oder der Forma (scholastisch), der
Raum (nach Cartesius) in der Ausdehnung objectiv zu setzen
sein, und zwar wegen der (aus ihrer Verknüpfung mit dem
Leibe) selbst bereits ausgedehnten Seele (bei Spinoza). In diesem
selbstgegebenen Zusammenhang, bei Fortsetzung des Physischen
in das Psychische, empfindet sich in dem letzteren gleichfalls
das Wirken eines organischen Wachsthumsprocesses, im un-
bewussten Denken, dem dann aus der social-geistigen Atmosphäre der als integrirender Theil des Ganzen geklärte Ichbegriff
hinzutritt, für das Individuum jedesmal (aus dem Völkergedanken
der Gesellschaft).

Nicht also über alle Dinge, bis an die entferntesten Sterne
(s. Ueberweg), erweitert sich diese der Seele zukommende Inhärenz des Ausgedehntseins, sondern sie beschränkt sich auf die
psycho-physischen Stadien der körperlichen Entwickelung, während die Weiterfolgerungen darüber hinaus den höheren Blüthen-
schöpfungen angehören, wenn sich im Sprachaustausch (gesellschaftlichen Zusammenwirkens im Zoon politikon) das rein geistige
Leben geklärt hat (im Selbstbewusstsein). Hier wird dann der
Raum zu einer aprioristischen Vorstellungsform (bei Kant), weil

aus den individuell körperlichen Daseinsbedingungen nachwirkend
in denjenigen freieren Geisteslebens, das innerhalb gesellschaftlicher Atmosphäre erst zur Selbstbestimmung gelangt, mit dieser
sodann das Individuum auch zu begaben vermag im Verständniss
der im Gesammtzusammenhange dem Theilganzen angewiesenen
Stellung (innerhalb kosmischer Harmonien).

Indem in der aus leiblicher Verbindung als ausgedehnt
empfundenen Seele der körperliche Wachsthumsprocess sich fort-
setzt, müssen seine Nachwirkungen auch in dem höheren Ganzen
fühlbar bleiben, das im Gesammtbegriff der individuellen Existenzen
mit der Gesellschaftswesenheit hervortritt und in dem Völkergedanken weitersprosst (durch die Culturgeschichte hin).

Der körperliche Wachsthumsprocess, wie durch die in der
Verdauung assimilirten und unter Zutritt der Respiration in der
Blutcirculation vertheilten Stoffe in Thätigkeit gehalten; setzt,
mittelst der in den Sinnen zugeführten Ernährungen, auf geistigem
Gebiet weiter fort, in der schon der thierischen Seele (mit determinirten Trieben aus dem Instinct), wie der des Kindes, zu-
kommenden Perception. Wenn hier nun in der Pubertätsreife
mit körperlicher Reproductionskraft die geistige hindurchbricht
im Bewusstsein, klärt sich diese im Sprachaustausch, wodurch
die den Sinnesauffassungen unbewusst inhärirenden Congruenzen
zum Verständniss gelangen, zunächst in der Wechselwirkung
zwischen optischen und akustischen Synchronien (unter Zutritt
des sprachlich geschaffenen Lautbildes). Hier ist also dann dem
Wahrnehmen aufs Neue ein Object gegenübergestellt, das in
psychischer Atmosphäre, seinen Umrissen nach, abgezeichnet,
von der Vorstellung gefasst und von ihr zugleich nach Aussen
projicirt wird, in den Vorstellungsbildern des Gesellschaftsgedankens (wie den ethnischen Horizont umschwebend).

Eingesponnen in der psychischen Atmosphäre seines ethnischen
Kreises, kommt, innerhalb des Völkergedankens erst, der Einzeln-
gedanke zu bewusstem Denken des dialektischen Processes, (also
innerhalb eigener Schöpfung soweit).

Was aber nun aus eigener Kraft das Individuum, im Gefühl
seiner Mitwirkung mit der (durch Lucifers Sturz) bestraften Stolz-
aufblähung (gleich der Maha-Brahmas in den Rupaterrassen),
selbst geschaffen zu haben meinen könnte, das führt dann wieder
zurück (im κόσμος νοητός) auf vorzeitliches Walten im Seienden,
dessen Gesetze, wie in der Natur überall, in menschlicher Existenz

sich zugleich als göttliche manifestiren. In dem aus den Wurzeln unergründlichen Bythos sprossenden Wurzeln desjenigen Wachsthumsprocesses, aus dem das psychische Leben hervortreibt, setzen diejenigen Früchte an, welche in Idealgestaltungen den Horizont der Weltanschauung umschweben und als adäquates Complement, (als die Aromanana für ihre Ayatana, auch als Asangkhara-Ayatana in Bezug auf Mano), das metaphysisch in das Jenseits hinausreichende Denken mit normal gesunder Speisung ernähren und fördern, im Fortschritt der Cultur (wie inductiv zu erforschen in naturwissenschaftlicher Psychologie des Gesellschaftswesens). Harmonisch tönt der Kosmos, im Einklang seiner Sphären, harmonisch bereits verstanden in den experimentell controllirten Ergebnissen der exacten Disciplinen, und in Ahnungen bereits durchhallend auf gesetzlichen Ausgleich, auch für die geistigen Bedürfnisse idealer Verklärung, wenn sich der Mensch zunächst begriffen haben wird, wie eingefügt in die Geschichte des auf der Erde entfalteten Menschengeschlechts, bei richtiger Stellung des Planetarischen zum Kosmischen des All (ewiger Unendlichkeit).

Und so für diese Wissenschaft vom Menschen, die kommenden Generationen als Aufgabe vorliegt, bleibt in gegenwärtiger Epoche, wo das Studium der Ethnologie als gereifte Frucht in seiner Entfaltung aufgebrochen, die Beschaffung der Bausteine für comparativ-genetische Methode als erste Vorbedingung geboten (in Ansammlung ethnischen Materials aus den Völkergedanken).

Wohl klingt es im Herzen mit sehnsuchtsvollem Wunsch, die Räthsel des Daseins zu lösen, in der Spanne irdischen Daseins bereits, und der Mitwelt die Mittel zu gewähren, sich des Durchblicks ihrer Probleme zu freuen. Aber aus den Lehren historischer Erfahrungen würde, auf thatsächliche Beispiele gegründet, der Satz zu entnehmen sein, dass die im Rollen des Geschichtslaufes herbeigeführten Perioden sich umgestaltenden Reformen nicht zu entziehen vermögen, wenn beim Eintreten kritischer Wendepunkte im Leben der Menschheit eine neue Offenbarung erheischt wird. Und mächtiger nie ist eine Revolution auf unserm Planeten hervorgebrochen, als die, welche ihn aus centraler Ruhe in excentrische Bewegung verwies, diejenige, welche im Entdeckungsalter zugleich den Erdball zur Abrundung brachte, als diejenigen also, in welcher das Heute steht, wo

beim Vordringen von der Physiologie zur Psychologie die Ethnologie jetzt als Postulat gestellt ist. Seit wenigen Decennien erst
ist die Vollfluth hereingestürzt, im plötzlichen unaufhaltsamen
und unvermittelten Durchbruch der Dämme überall, mit fieberisch
accumulativer Steigerung des internationalen Verkehrs. Momentan
fluthen wir dahin, auf chaotisch wüstem Meer, wo wild und wirr
aus allen Zeiten und Völkern die Gedankenschöpfungen durcheinander treiben, hingeschwemmt aus fremden, oft gänzlich unbekannten Küsten sämmtlicher Continente ringsum. Hier gilt
es, wo noch ein fester Polarstern leuchten mag, die Richtung zu
nehmen nach jungfräulichen Gestaden, die Keime anzupflanzen·für
fröhlich frisches Gedeihen dessen, was die Zukunft bringen mag.

Wie sie vertrauensvoll einst hinausgeschifft, die „Pilgrim
fathers", vertrauensvoll in dunkel umhüllter Nacht dem Sterne
folgend, der sie leitete, wie sie auf neuer Erde einen neuen
Staat begründet, der jetzt in Glanz und Pracht sonniger Tage
stolz das stolze Wort zu reden berechtigt ist: „Westward, the way
of empire takes its way", so darf die Ethnologie gleichfalls Ver-
trauen fassen zu ihrer Colonialgründung auf neuem Forschungs-
gebiet, unbeirrt um klugweise Engköpfe, die ihre ärmlichen Anfänge bekritteln und verspotten mögen. Ex ungue leonem.

Der Metaphysik, als reiner Erkenntniss aus Begriffen, die
über die Sinnenwelt hinausliegen, ohne den Leitfaden der Erfahrung, hat (für die von der Vernunft verwendeten Principien)
eine Kritik des Organs, nämlich der Vernunft selbst, (des reinen
Vernunftvermögens) voraufzugehen (s. Kant), aber indem die
Vernunft bereits sich in einer Scheidenhülle vorgefundener Kategorien eingewachsen findet, wird es eines weiteren Entäusserungs-
processes bedürfen, durch eine Vorkritik der im Innern zu eigener
Verwirklichung treibenden Spirale (in der Entelechie), der Psychologie nämlich, die sich in die Fülle ihrer nach Aussen projicirten
Vorstellungen hineinzuwagen hätte in „das Wasser, ehe sie
schwimmen lernen kann", um mit dem dort, aus den in gesicherten Stützen der Naturwissenschaft eingeschlagenen Wurzeln
aufgesogenen Resultaten, zum eigenen Bewusstsein zurückkehrend,
(die im „Anschauungsvermögen" gewonnenen Eindrücke dem
„Verstand" zur Betrachtung vorlegend), das „Allerheiligste"
(s. Hegel) aus esoterischer Verschlossenheit zum allgemeinen
Verständniss zu bringen.

Um solchen Weg einzuschlagen, stellt sich zunächst die Frage über Möglichkeit einer inductiven Behandlung der Psychologie, und hier wird eine Bejahung erst gestattet sein, nach Anerkennung der Gesellschaftswesenheit des Menschen und des Gesellschaftsgedankens somit als primärer Ausgangspunkt der Forschung, indem dann nur der Induction Gelegenheit gegeben wäre, ihre auf Vergleichung zunächst basirende Methode zur Anwendung zu bringen (unter der Vielfältigkeit der, über das Erdenrund hin, gebotenen Variationen der Erscheinungsweisen).

Die Beobachtung, auf diesem Standpunkt, sieht sich von ihrer Vorstellungswelt umgeben, sie hat eine Reihe ethnischer Organismen (physischer Schöpfung) vor sich, und sie mag sich deren Studium nun mit gleicher Schärfe und Bestimmtheit zuzuwenden, wie für die Organismen in Pflanzen- und Thierwelt schon zur Gewohnheit geworden (auf naturwissenschaftlichem Forschungsweg).

Als Erstes gilt es, die Physiologie des jedesmaligen Organismus kennen zu lernen, diejenigen Gesetze, durch welche das Leben sich bethätigt und erhält, ohne das Problem, in diesem Beginnen der Untersuchung durch das Hineinziehen undeutlich verschwimmender Perspectiven, über den Ursprung des Lebens (im ersten Beginnen des Woher) unnöthigerweise zu verwickeln.

Innerhalb eines klaren, deutlich umschriebenen Gesichtskreises hat, in voller Tageshelle, die Forschung ihre inductiven Hebel anzusetzen, hoffnungsvoll ermuthigt, dass der so, in langsam und vorsichtig bedächtiger Arbeit, aufsteigende Bau allmälig einstens zu einer Warte dienen könne, um in die dunkel umhüllten Gebiete des Jenseits auch einen Forscherblick zu werfen, derartige Fragen dorthin zu stellen, dass die zurücktönende Antwort nicht mit dem Echo eigener Stimme nur äffe.

Liegt im Irdischen überhaupt ein Samenkorn irgendwo eingebettet, dessen schlummernde Kraft zum Hinausstreben über das Irdische erweckbar sich beweisen sollte, dann kann das Evangelium solch froher Botschaft von nirgendwoher erwartet werden, als von der Psychologie im naturwissenschaftlichen Gewande. Dass die Welt des Daseins, soweit naturwissenschaftlich durchforscht, unter die Herrschaft des Menschen gefallen, dass er sie beherrscht, dass er sie gesetzlich bezwingt (in Chemie, in Physik, in Biologie), das beweist ein jedes Ding um uns, von der Feder, die dieses schreibt, bis zum Dampfross, das dem

Osten des Auf-, dem Westen des Niedergangs zueilt, bis zur
Heliographie, die den Sonnenball selbst zur Belehrung über sein
Spectrum gezwungen. Was wir naturwissenschaftlich also erobert, das gehört uns, das fällt unter unsere Macht, wir stellen
die Fragen, wie wir sie wollen, und erheischen die Antworten,
die in der Controlle sich als richtige beweisen müssen. Wir
gebieten als unumschränkte Herren, wir gebieten überall da, auf
den Gebieten, die naturwissenschaftlicher Forschung gehören,
unumschränkt auf ihrer ganzen Weite, bis an die Grenzen hin.
Nur dass diese Grenzen als leider eng beschränkte sich erweisen
für die Weite sehnsuchtsvoller Ahnungen, welche die Menschen-
brust füllen und bewegen.

Dass auf den bisherigen Untersuchungsfeldern naturwissenschaftlicher Disciplinen jede Aussicht abgeschnitten sei, die naturgemäss gesteckten Grenzen zu überschreiten, das drängt sich
desto schlagender auf, je streng naturwissenschaftlicher die
Schulung. Wagt der an Millimetermessungen gewöhnte Mikro-
skopiker den plötzlichen Salto mortale bis zu Plastidulen und
Kohlenstoffverbindungen weiter, so liegt schliesslich todt aus-
gebrannte Kohle nur vor ihm, und auch den kühnsten Aspirationen
kann Entnüchterung nicht ausbleiben, wenn in der Nebularhypothese
von kalt feuchten Nebeln umweht, aus den schrankenlosen Räumen
des Universums, und mit der Unendlichkeit, genau so gross noch
immer, so unendlich wie vorher. Ignoramus, — Ignorabimus vielleicht, aber immerhin bliebe ein Versuch wenigstens noch übrig,
denn bisher hat in der Reihe der natürlichen Wissenschaften
diejenige gerade gefehlt, die dem Menschen am nächsten steht:
die Psychologie.

Handelt es sich nun um inductive Grundlegung derselben,
so hätten wir in erster Aufgabe den in den übrigen Fächern des
organischen Reiches bereits erprobten Forschungsrichtungen zu
folgen, also die Physiologie der psychischen Organismen, wie in
den ethnischen Schöpfungen des Völkergedankens realisirt, zunächst festzustellen, unter Zurückgreifung zugleich auf die physikalischen Agentien, aus denen, auf der Weide der Sinne (nach
der Terminologie des Abhidhamma), der Wachsthumsprocess seine
Ernährung aufnimmt (zur Assimilation und umwandelnder Fort-
bildung). Sofern es auf diesem noch unabsehbaren, aber seit
wenigen Decennien erst betretenen Untersuchungsgebiete der
Ethnologie im Laufe kommender Generationen gelingen sollte,

scharf umgrenzte Typen festzustellen, wenn sie der Spannungsreihe ihrer Elementargedanken sicher für richtige Kenntniss
ethnischer Physiologie (und also für Beherrschung derselben)
das beweisende Probestück dadurch abzulegen vermöchten, dass
sich für die pathologischen Schäden des socialen Lebens eine
rationelle Therapie vorschlagen liesse, wenn sie demnach, wie
gesagt, auch hier innerhalb ihres naturwissenschaftlichen Bereiches, als autokratischer Herr und Herrscher zu gebieten vermöchte, dann dürfte für sie wahrscheinlich gleichfalls das Gelüste
herantreten, über die so weit gezogenen Grenzen hinauszublicken,
in˙ die Ursprungsfragen hinein.

Und hier allerdings würde sie unter weit günstigeren Verhältnissen zu operiren vermögen, als ihre Schwesterwissenschaften
in der Biologie, vegetabilischer und animalischer Physiologie,
da bei ˙ihnen die äussersten Fäden stets in den unergründlichen
Bythos der Materie zu verlaufen haben, den Augen entschwindend.

Anders dagegen bei solcher Physiologie der psychischen
Organismen, denn für sie schürzt sich der Knoten des Ursprungs
m Menschen selbst, also nicht im Kreisen der Po (nach dem
Pule Hau), nicht in der Nacht dunkelnder Vorzeit, sondern er-
hellt vom Lichte des Verstandes (im eigenen Selbst).

Wohl ist das im Denken selbst empfundene Schöpfungswalten
nur ein delegirtes, so zu sagen, nur ein secundärer Nachklang
allgemeiner Naturgesetze, deren primäres Räthsel stets dasselbe
bleiben würde. Aber dennoch wäre wunderbar Grosses schon
gewonnen. Wir hätten hier zum ersten, zum einzigen Male, soweit auf Erden überhaupt möglich, einen Ursprung erfasst, ihn
gepackt und sicher gefasst im „An-sich-sein“, ihn festgehalten in
naturwissenschaftlich geschlossenen Banden, und so würden wir
ihn dann vielleicht mit der Zeit auch zu zwingen vermögen, über
Anderes noch Auskunft zu geben, — über gar Manches von dem,
was das Menschenherz bewegt und gequält hat, so lange es
hienieden schlägt. Und demgemäss der Faust des Tragöden, vom
Zeichen des Makrokosmos wendet er sich zum Mikrokosmos, „von
dem allumfassenden Weltgeist zum beschränkten Erdgeist“ (s. Mar-
bach), denn auch hier waltet es fort, aus πρῶτον αἴτιον, und so
das Dichterwort: „Ich schaffe am sausenden Webstuhl der Zeit
und wirke der Gottheit lebendiges Kleid“, der Mensch als Theil
des Ganzen eingeschlossen in den harmonischen Kosmos (und
dessen Gesetzlichkeiten für psychisches Verständniss).

Die Wirklichkeit in selbsteigener Immanenz ihrer Ueberzeugungskraft stellt sich im Seienden stets erst fest mit der Raum ausfüllenden Undurchdringlichkeit materiellen Stoffes (als Dingseins), während es sich im Uebrigen, um Farbe oder Töne u. s. w., um Auslegung der von der Natur zu den Sinnen geredeten Sprache handelt, und bei richtigem Verständniss derselben dem Spiegelbild oder im Wasser gebrochenen Stab, dem Echo auch, in dem in optischen Erscheinungen oder objectiven Eindrücken des Geruchs und Geschmackes spiegelnden Wahrnehmungen ihre Wirklichkeit, weil auf bestimmt gegebenen Bedingungen des Aeussern oder Innern beruhend, nicht abzusprechen wäre (und schon beim Gefühl die durch Fingerverschränkung gedoppelte Kugel sich erklärt). Ob das Eine mehr wirklich, als das Andere, dafür fiele die Entscheidung nur in den Zweck praktischer Verwerthung derartiger Wirklichkeit, wofür substantielle Stoffunterlage den Ausschlag zu geben hätte, für Alles also, was direct das Körperliche tangirt, wogegen das auf der geistigen Hälfte (des Menschen) mit den Kräften der Natur verkehrende Verständniss sich dort ebenfalls, wenn über den Sprachausdruck derselben belehrt, heimisch fühlen wird und gegen Täuschungen mehr und mehr gesichert. So beginnt bereits innerhalb des sinnlichen Bereiches die in Vorstellungen gefasste Denkform, welche sich in Rectificationen durch Wiederholung wechselweiser Controle der Richtigkeit ihrer Folgerungen versichert halten muss. Von seinen ersten Anfängen ab hat also das Denken in activer Mitwirkung zu arbeiten, für naturgemässo Auffassung der Welt, wie sie gesetzlich zur Verwirklichung gelangen muss. Stets wäre dahin zu streben, die naturgemäss gesetzliche Wechselwirkung im Contact herauszufinden, zur Herstellung des gegenseitigen Gleichgewichts normaler Gesundheit, und für die bei pathologischen Störungen eintretenden Täuschungen die Heilmittel aufzufinden (in naturwissenschaftlicher Psychologie).

In seinen höchsten Regungen wird das Denken durch den Anreiz eben geweckt, um den Widerspruch des körperlich Unwirklichen mit dem subjectiv dennoch Wirklichen zu lösen, und so füllt sich der ethnische Horizont mit mythologischen Deutungen, in den (die Lücken ergänzenden) Vorstellungsbildern. Die Stimme des Echo wird in den Mund orakelnden Gottes verlegt, die flüchtig flimmernde Farbenpracht der Morgenröthe verbleibt in der Jugendfrische jener Göttin, die dem Sonnenwagen voraufzieht

(und an ihm rollt der Feuerball); der als Stich empfundene
Schmerz ist als Hexenschuss in den Körper eingedrungen und
durch das Saugen des Arztes wieder auszuziehen (in allen Continenten), u. s. w. (in zahllosen Reihen).

Wenn dann, nach dem „loi des trois états" (b. Comte), das
Denken zu höheren Stufengraden emporgestiegen, wenn der Bann
körperlicher Sinnesauffassung in seinen Schranken zu lockern
beginnt, dann strebt die Entelechie des Wachsthumstriebes hinaus in geistiges Bereich, um dort den eigenen Gesetzen zu leben,
im Einklang mit den Gesetzen des All (unter organischer Entfaltung des psychisch eingepflanzten Keims).

---

[1]) The Mammals are either arboreal in their habits or amphibious or
flying or in some way or other, enabled of subsisting in a half-drowned land
(s. Murray) in Borneo (mit wenigen Ausnahmen). Die Wolle der Schafe wird
struppig in Afrika, während die Eber auf den Plateaus der Cordillere Wolle
ansetzen, die Pelones genannten Rinder verlieren die Haare, bis zu den
kahlen Calongos (in Amerika). La couleur naturelle de Dindon sauvage est
d'un brun uniforme, avec des reflets métalliques très brillantes, mais en
servitude, il a complètement perdu cet éclat (s. Godron). In den heissen
Gegenden Amerikas kommen die Hühner nackt zur Welt (nach Roulin). Im
Gegensatz zu den europäischen Küken, die in Central-America acclimatisirten „restent à peu près nus jusqu'à l'époque du développement des plumes
de l'aile" (s. Godron). Aus Ziegen und Schafen sind die Chabin gezeugt, die
zurückschlagen (s. Gay), und so aus Hasen und Kaninchen die Leporiden
(s. Roux) im Rückschlag bei der Hybridation (während in den Bastarden
sich der eingeborene Charakter bei Erscheinen des Atavismus bewahrt).
Zerschnittene Blätter kommen in allen Abtheilungen des Pflanzenreichs vor,
die damit versehenen Arten nehmen jedoch, wie das Variiren mit solchen
Blättern, gegen die Pole ab (s. E. Meyer) La gracieuse disparition de leurs
fleurs en chatons, la coupe élégante qui porte leurs fruits sont les caractères
essentiels qui ont réglé la place des chênes dans les classifications et con-
stitué leurs parents les plus prochaines (s. Coutance). Obwohl Affen (auf
den Wipfeln der Bäume) von Guyana bis zu der Quelle des Rio Negro und
dann zum Amazonas wandern mögen (bis zu der Grenze von Peru), haben
sie dann doch die Wechsel des Climas von dem eigenen zu untergehen. By the
time they have reached the upper waters of the Rio Negro towards the
Andes and having entered into new conditions of existence, the alteration
would begin to have its usual effect, and induce a change, which would
gradually end in producing a new species, and if the species thus transmo-
grified pursued its journey down to the other bank, the change from high
to low land would again operate and a second change would take place, but
the changeling would not be disenchanted back into its old form, but would
undergo a new change into a third species (s. Murray).

²) Toute question d'acclimatation comprend deux termes qui sont pour ainsi dire les composantes de la résultante que l'on cherche ou que l'on étude. Les deux termes sont la race et le milieu (Quatrefages). L'acclimatation alors consiste dans ce fait absolument véridique, que le montagnard des hautes stations s'habitue à sa manière d'être et reste satisfait de cette pénurie d'oxygènes qui lui est imposée par les conditions extérieures (Jourdanet). La foie est le département le plus rapidement impressionné par la chaleur (s. Jousset), und so folgen die Gallenfieber für den nach den Tropen versetzten Nordländer, bis sich seine für einen anderen Functionskreis angelegte Leber den neuen (und ihren vermehrten Ansprüchen) entsprechend angepasst hat. Die Portugiesen (portant dans leurs veines un mélange de sang africain) haben sich in Malacca zahlreich vermehrt, wogegen die Holländer nicht (s. Godron). Die nach Malacca eingewanderten Chinesen haben die einheimischen Frauen durch Fortsetzung unter sich abgeschlossener Kreuzungen (oder mit neu eingewanderten Chinesen) den Frauen von Kuan-Tong und Fo-kien verähnlicht (s. Yvan). Die Creolen (in Westindien) zeichnen sich durch die Biegsamkeit und Gelenkigkeit ihrer Gliedmaassen aus (wie auf Java), und „es ist ein merkwürdiger Umstand, dass ihre Haut immer kälter als bei einem Europäer anzufühlen ist" (s. Bryan-Edwards). Nicht bloss jede morphologische Art hat ihren specifischen, von dem der nächstverwandten verschiedenen Ausdünstungsgeruch, sondern auch jede Rasse, jede Varietät und in letzter Instanz sogar jedes Individuum (s. Jaeger). Le Juif (1886) sent mauvais. Chez les plus huppés, il y a une odeur, „foetor judaica", un relent, dirait Zola, qui indique la race et qui les aide à se reconnaitre entre eux. La femme la plus charmante par les parfums mêmes dont elle se couvre, justifie le mot de Martial: qui bene olet male olet. Le fait a été cent fois constaté: „Tout Juif pue", a dit Victor Hugo, qui s'est éteint entouré de Juifs (s. Drumont). Die Vertheilung der organisirten Wesen auf der Erde hängt nicht allein von sehr zusammengesetzten klimatischen Verhältnissen ab, sondern auch von geologischen Ursachen (s. Humboldt). Granit, Syenit und Protogin (in der plutonischen Gruppe) sind häufig in der Weise von einander geschieden, dass die Eruptionen dieser Gesteine nach Localitäten gesondert von einander auftreten (s. Nöggerath). Ueberall trägt der Charakter der Vegetation wesentlich zu jener eigenthümlichen Physiognomie einer Gegend bei, aus der das geübte Auge der Geognosten oft ganz richtig den unterirdischen Inhalt derselben erkennt (s. Langmann). Die Vorstellungen von der Wanderung der Pflanzen müssen heutigen Tages, bei der enormen Menge von Thatsachen, welche jetzt über das Vorkommen der Gewächse vorliegen, ganz und gar aufgegeben werden (s. Meyen), indem die Pflanzen nicht allein von einem einzigen Orte ihres Vorkommens sich verbreitet haben können, sondern dass sie an verschiedenen Stellen der Erde entstanden sein müssen (1836). Es giebt Pflanzenwanderungen und Colonisationen, und zwar sehr massenhafte, grossartige, es lassen sich also auch Pflanzencentren oder Ausgangs- und Knotenpunkte nicht in Abrede stellen (s. H. Hoffmann). Tout concourt à démontrer que les animaux ont apparu à l'origine des temps actuels sur des points différents, dans des centres de création multiples (Quatrefages). Die zur Statio eingerechnete Eintheilung in plantae, nivales, alpinae, montanae, collinae gehört zum Verbreitungsbezirk oder orbis exten-

sionis, neben dem modus distributionis, als Vertheilungsweise (s. Schouw). At the Hawaian Island each separate island has, in a general way, its own set of landshells (nach Gould), und so variiren die Inseln der Galapagos-Gruppe (s. Darwin). Animals, though endowed with the power of locomotion, remain within fixed bounds in their geographical distribution (s. Agassiz). Im Allgemeinen können Pflanzen nördlicher Gegenden viel weiter nach wärmeren Gegenden verpflanzt werden, als umgekehrt (s. Meyen). Danger réel d'une trop grande variété des climats pour l'organisation sociale, danger plus grand encore, lorsque cette diversité d'influence climatérique emprunte sa raison d'être à la multiplicité de niveaux très-différents dans les pays équatoriaux (s. Jourdanet). The true conditions of vegetable distribution must be identical to a considerable extent with those which determine the health and unaided existence of plants (s. Watson). Die Umgebung gleichartig physikalischer Agentien mag die zoologisch verschiedensten Typen neben einander einschliessen, indem die Reaction aus einem derartigen Typus (dessen Entstehungswurzeln über den Horizont hinauslägen) bereits vorhanden sein muss, wie in der Chemie das Element, an welchem sich die Umwandlungen manifestiren (und charakteristisch verschieden für jedes Einzelne, wenn auch alle in der Reihe nebeneinander liegend). Die geographische Provinz, unter Einschluss der physikalischen Verhältnisse (in Statio mit Habitatio) begreift die Variationskreise (für die Art), aus der Physiologie der Pflanze documentirt (für die Repräsentativformen). L'appréciation d'un climat quant à la température, se présente sous divers aspects suivant qu'on considére l'échelle diurne ou l'étendue moyenne, des variations thermométriques dans les 24 heures, l'échelle mensuelle ou l'étendue des variations dans l'espace d'un mois, et l'échelle annuelle ou la distance qui sépare les deux mois extrèmes (s. Lombard). On peut constater que les races méridionales s'acclimataient plus facilement et pouvaient travailler sous le ciel ardent. Les Espagnols parurent faits pour cultiver la terre dans les trois provinces, surtout dans celle d'Oran, tandis que les races du Nord dépérissaient et montraient, qu'il était imprudent de tenter l'apprentissage de l'agriculture sous le climat algérien (s. Jousset). Quae a frigidis regionibus corpora traducuntur in calidas non possunt durare (s. Vitruv). Connaitre les climats selon les latitudes, les altitudes, les configurations géographiques, les expositions et par suite les influences, telluroatmosphériques, c'est connaître l'état physiologique et l'état pathologique de l'homme dans toutes les régions, qu'il habite (s. Armand). Pour que la nature du sol puisse exercer une influence appréciable, il faut que l'organisme reste assez longtemps dans le même districte, qu'il y fixe (s. de Lima). Zur Anpassung an fremdes Klima trägt rationelle Lebensweise bei, sowohl durch physiologisch, der neuen Umgebung angemessene Regulirung der Diät, wie durch verständig geleitete Ueberführung der früher gewohnten. Ce que les colons ont le plus à redouter ce sont leurs habitudes (s. Rossi). Nihil magis sanitati insidias struit, quam rerum consuetarum mutatio (s. Celsius), und nach Störung des früheren Gleichgewichtes muss ein neues hergestellt werden bei der Acclimatisation (meist unter der Durchgangsperiode eines kritischen Acclimatisationsfiebers). In Verbreitung der organischen Wesen auf der Erde ist nichts leichter zu erkennen, als das allgemeine Gesetz, dass die Natur unter ähnlichen Verhältnissen stets ähnliche oder vollkommen gleiche Geschöpfe hervorgerufen hat (s. Meyen). Tout individu, pour pouvoir pleinement se développer, doit être en harmonie complète avec les conditions d'existence, avec le milieu, où il vit (l'ensemble des conditions ou des influences quelconques, physiques, intellectuelles ou morales, qui peuvent agir sur les êtres organisés). Tous les éléments du milieu agissant à la fois, leur action se traduit nécessairement par une résultante très-composée, et il est presque toujours impossible d'attribuer à chacun la part exacte, qui lui revient dans l'effet total (s. Quatrefages). Die Lebenserscheinungen hängen, wie in einer Kreisbewegung, als gegenseitige Ursachen und Wirkungen in einander verschlungen zusammen (v. Boerhave). Jeder Mensch kann nur in der ihm eigenthümlichen Oertlichkeit existiren, ohne Verschlechterung, wenn nicht stets durch frische Blutzufuhr erneuert (s. Knox). Jede Art der Pflanzen und Thiere hat an und für sich schon, unabhängig von allen äusseren Einflüssen, einen gewissen Variationskreis (s. J. Müller). With extinct, or with existing mammalia, particular forms were assigned to particular provinces (s. Owen). The earth is one kind of „organism", the body another, they are comparable (s. Parker). Unter den auf Bodenverhältnissen gegründeten Rassen ergiebt sich das türkische Schwein (der Mongolitzer Rasse), das natolische, sibirische u. s. w. (s. Fitzinger). Die südtirolischen Dolomite beherbergen die Androsace Hausmanni, das Asplenium Seelosii und Woodsia glabella, als Stellvertreter der auf anderen Gesteinen unter sonst analogen Verhältnissen vorkommenden Androsace glacialis, Asplenium septentrionale und Woodsia hyperborea (s. Kerner). Das individuelle Leben jedes organischen Wesens besteht in der Reaction gegen Alles, was auf dasselbe einwirkt (s. Haurowitz). Die Blüthe strebt mit ihren Kreisen dem Lichte zu (s. Grassmann). Das individuelle Dasein der Gewächse findet seinen gesetzmässigen Abschluss durch die Blüthenbildung (s. Wigand) und der Mensch in Gedankenschöpfung (Ideen ansetzend als Früchte). Les hommes qui quittent le lieu de leur naissance peuvent être assimilés à des végétaux transplantés sur un sol étranger où ils ne peuvent être conservés et acclimatés qu'avec un soin extraordinaire (s. Lind), in gesetzlicher Anpassung (bei neu gewonnenem Gleichgewicht). Every animal and plant stands in certain definite relations to the surrounding world (s. Agassiz). Wie auch das Klima wirke, jeder Mensch, jedes Thier, jede Pflanze hat ihr eigenes Klima (s. Herder). Soweit nicht der Mensch fördernd eingreift, findet jede Pflanze zuletzt eine Grenze, welche sie nicht überschreitet (s. H. Hoffmann). No Europeans can colonize a tropical country (Knox). Das Klima (in Carthagena) ist besonders für junge Europäer gefährlich (s. Ulloa), während ältere wenig angegriffen werden (s. Humboldt). Die Küste von Nord-Amerika wurde (1625) für die Auswanderung geeigneter als die Goldküste Afrikas empfohlen (s. Hagthorpe). Auf Crookshanks Wundern über Haie im frischen Wasser (unter dem Einfluss der Fluth) meinte der Datu Palinggi: „Not more curious than seeing you English abandon your own country to come so far to live among us Malays" (s. R. John). Es wäre also der Natur der Sache weit mehr angemessen, bei der Abtheilung des Menschen oder bei seiner Zerfällung in verschiedene Rassen mehr auf das Kleine Acht zu haben (s. E. A. W. Zimmermann) 1778, wie zum Theil beobachtet (s. Blumenbach) in Verbesserungen (bei Linné's System). The different members of the organic world are so bound together

by complet relations that any one change generally involves numerous other
changes (s. Wallace). Change in the forms of organic life is the result of
alteration in the physical conditions of the earth (s. Murray). Im Laufe
der Zeit ändern sich die europäischen Hunde in Europa mit langen, auf-
rechten Ohren (gleich denen der Füchse) und in Farbe, mit Geheul statt
Bellen (nach Bosman). Fremde Pflanzen, nach Loanda eingeführt, com-
pletely changed their nature, when planted in the African soil (nach Gabriel).
Der (ansteckende) Husten (oder Schnupfen) auf St. Kilda ist immer die un-
ausbleibliche Folge der Ankunft von Fremdlingen auf der Insel (s. Martin),
und die Chunchos fürchten die Begegnung von Fremden (die ihnen den
Husten bringen). Lungenentzündungen, die sich in Vomicas enden, Seiten-
stechen, Blutspeien und Auszehrung sind in den polaren Gegenden ebenso
häufig, als Ruhren in der Tropenwelt (s. Schnurrer). Die Schutzlinie gegen
die Phthisis „se trouve vers la demi-distance qui sépare le niveau de la mer
de la ligne des neiges persistantes" (s. Jourdanet). Les habitants des hauteurs,
au delà de 2000 m sont souvent atteints d'un état de langueur qui ne mérite
pas toujours le nom de maladie (als anämisch). Ce n'était pas une aglobulie
qu'il fallait chercher dans mes anémiques, ce n'était pas une diminution de
l'oxygène du sang par suite de l'abaisement des globules chargés de l'y
retenir, mais bien une absence plus directe de ce gaz, faute d'une pression
suffisante qui put assurer sa condensation, bemerkt Jourdanet (auf dem Hoch-
land Mexicos). Les mêmes causes qui produisent sur les hauteurs l'anoxy-
hémie des habitants, les protègent contre la consomption pulmonaire. Aus
der Nosologie nach den Zonen folgt, dass in heissen Klimaten vorzüglich
die gastrischen Organe, die den Kohlenstoff in combustibler Form aussondern,
eine bedeutende Rolle in der Entscheidung der Krankheit übernehmen, in
kalten Gegenden dagegen mehr diejenigen Organe hervortreten, welche die
Kohle in der entgegengesetzten comburirten Form aussondern, also der
Lungen und Nieren (s. Schnurrer). Die Geometrie (oder Erdmesskunst)
wurde von Rabanus Maurus den Aerzten empfohlen, um nach der Oertlichkeit
ihre Krankheitsmaassregeln zu treffen. Die Gallenausscheidung ist während
der Sonnenhitze am stärksten (s. Hofacker). Die Eingeborenen von Frasers
Island (bei Brisbane) „appear to be very bilious, for what ought to be the
white of the eye is a dirty yellow (1864). Bei den Einhufern fliesst die
Galle beständig in den Zwölffingerdarm, weil sie keine Behälter zum Auf-
bewahren haben (s. Gurlt). Das remittirende oder intermittirende Fieber als
Einleitungsprocess der Acclimatisation (in Cayenne) ist um so leichter, je
früher der Neuangekommene davon befallen ist (s. Bajon). Der Schweiss
riecht nach Thran bei den fleischigfetten Grönländern (s. Cranz). Bei
Turgescenz der gastrischen Organe (für Acclimatisation der Europäer und
Juden) färbt der Schweiss (am Senegal) die Wäsche gelb (s. Schotte),
unter Schläfrigkeit ohne erquickenden Schlaf (s. Schnurrer), mit Haut-
ausschlägen (s. Hillary) oder Diarrhöe (zur Naturheilung). Der Typhus
ist auf den Höhen endemisch, reicht dagegen nicht an den Abhängen
hinab und wird an der Küste epidemisch (als Petechialfieber) in Mexico
(s. Jourdanet). Das gelbe Fieber übersteigt nicht 1000—1200 m (im Vomito).
Pour se préserver des organismes de l'eau, on les tue par la chaleur, comme
cela réussit dans les pays chauds. Pour se débarrasser des microbes des

viandes de boucherie, on les cuit fortement; quant à se soustraire aux microbes de l'air, la difficulté devient plus grande, car sa purification est loin d'être un problème résolu. Ces généralités énoncées, je demanderai au savant le plus habile et le plus au fait des choses de la micrographie d'accepter la mission, en apparence fort simple et fort naturelle pour certains esprits, de découvrir dans l'air les germes des maladies infectieuses. Beaucoup d'auteurs, lui dirai-je, sont persuadés qu'il faut attribuer telles maladies à des poisons telluriques, telles autres à des microbes répandus dans les desquamations épithéliales, furfuracées etc., et à la multiplication de ces poisons dans les eaux potables, les fleuves, les mares, les égouts, les ruisseaux fangeux; à vrai dire, tout cela est encore un mystère mais il vous appartient de résoudre scientifiquement ces problèmes obscurs. Je doute fort qu'un savant raisonnable acceptât une semblable tâche. En effet, en présence de données si vagues sur la cause première des maladies zymotiques, le labeur du micrographe chargé d'explorer l'atmosphère au point de vue des germes infectieux présente évidemment des difficultés insurmontables; comment trouver dans l'air un microbe que personne n'a pu encore apercevoir dans le sang des malades ou des cadavres des malheureux qui ont succombé à sa funeste action? Ce serait se faire une idée peu précise de l'immensité des recherches qu'exigeraient la découverte et la détermination d'un ferment morbide perdu au sein de millions d'organismes microscopiques de même aspect, que de ne pas apprécier le vague et l'incertain d'un travail entrepris avec espoir. En l'absence de moyens d'investigation suffisamment puissants, il faut donc aborder la question par un côté plus général et baser sur une hypothèse vraisemblable un ensemble de recherches dont les résultats moins brillants puissent permettre de s'avancer lentement mais sûrement, vers une solution plus pratique (Miquel). Man halte die grönländische mit der indischen, die lappländische mit der japanischen, die peruanische mit der Negermythologie zusammen, in einer . völligen Geographie der dichtenden Seele (bei Herder). Missverständnisse der Chinesen folgen aus der von der europäischen verschiedenen Artweise des Denkens und Ueberlegens (s. Morrison). Die Empfindung ist ihrem Grade nach gleich dem Logarithmus des Reizes (s. Fechner). Der Naturzustand des Menschen ist der Stand der Gesellschaft (s. Herder). Unsere psychologische Scheidekunst reicht nicht weit genug, um das Complicat von Wirkungen in ihre einzelnen Bestandtheile zerlegen und mit Gewissheit angeben zu können, wieviel das Klima, wie viel die Nahrungsmittel und wie viel andere Dinge in der Natur zur Entwickelung dieser oder jener Nationalfähigkeit, Leidenschaft, Sitte u. dgl. insbesondere beitragen (s. Falconer). Da der Grund der Gesellschaft immer vorhanden ist, so ist auch immer Gesellschaft da gewesen (s. Voltaire). La physiologie, l'analyse des idées et la morale ne sont que les trois branches d'une seule et même science qui peut s'appeler à just titre la science de l'homme (s. Cabanis). Ist die Zeugung natürlich, ist Liebe, Versorgung und Ernährung der Kinder natürlich, ist der Mensch wirklich ein Geschöpf von solcher Einrichtung, solchem Bau, solchen Neigungen und Fähigkeiten, wie wir sehen, so folgt daraus nothwendig, dass Gesellschaft ihm ebenfalls natürlich sein muss, und dass er nie ohne Gesellschaft und Gemeinschaft weder gelebt hat, noch gelebt haben kann (s. Shaftesbury). Animal commune et homo communis non sunt aliquae substantiae in rerum natura, sed hanc communitatem habet forma animalis vel hominis, secundum quod est in intellectu, qui unam formam accipit in multis communem, in quantum eam abstrahit ab omnibus individuantibus (Thom. Aq.) Die Mythologie jedes Volkes ist ein Abdruck der eigentlichen Art, wie es die Natur ansah (s. Herder). The beginning of improvement in condition, whether socially intellectually or morally, must come from without, if it is to come at all (s. Taplin). Nach Hume haben nicht die physischen Ursachen (im Klima) Einfluss auf den Nationalcharakter, sondern nur die moralischen, „von den Menschen selbst getroffenen Einrichtungen" (wie Regierungsform, Religion, Erziehung), und dazu kommen die „zufälligen Ereignisse im Gange der Geschichte" (s. Matthiä), ihrerseits aber wieder von der topographischen Lage, wie auch die moralischen Ursachen (obwohl auf den Menschen nun zurückwirkend) selbst erst von den physischen abhängig (bei chorographischer Vertheilung). All true classification is genealogical (s. Darwin). Für die von der Naturwissenschaft unterschiedenen Geisteswissenschaften (bei Mill) verlangt Helmholtz „Interesse an der Beobachtung der Seelenzustände Anderer", und die Induction mag Anhalt finden bei objectiver Beobachtung der Völkergedanken, als ethnischer Seelenzustände (in deutlich fasslichen Aussagen). Der einzelne Mensch für sich hat das Wesen des Menschen nicht in sich, weder in sich als moralisches, noch als denkendes Wesen; das Wesen des Menschen ist nur in der Gemeinschaft, in der Einheit des Menschen mit dem Menschen enthalten (s. Feuerbach). Anthropology (in früheren Jahren) was deemed, indeed, curious and amusing, and travellers had even, in an informal way, shown human nature as displayed among outofthe way tribes to be an instructive study. But one of the last things thought of in the early days of anthropology was that it should be of any practical use. The effect of few years work all over the world shows that it is not only to be an interesting theoretical science, but that it is to be an agent in altering the actual state of arts and beliefs and institutions of the world (s. Tylor). Nur die Vergleichung mit allen übrigen Religionen oder allen übrigen Theilen des Götterdienstes zeigt den richtigen Gesichtspunkt, aus welchem man eine jede einzelne Religion, einen jeden einzelnen Zweig des Gottesdienstes oder Götterdienstes zu betrachten habe (s. Meiners). Mans highest state of health and vigor is only compatible with high civilization and pure morality (s. Taplin). Nicht allein, immer selbander kommt man zu Begriffen, zur Vernunft überhaupt (s. Feuerbach). Die Betrachtung der Natur ist die Nahrung, welche die Natur selbst dem menschlichen Geist zugewiesen, um ihn über die Beschränktheit des irdischen Daseins zu erheben (s. Cicero). Das individuelle Dasein der Gewächse findet seinen gesetzmässigen Abschluss durch die Blüthenbildung (s. Wigard), und der Mensch in Gedankenschöpfung (als Culturblüthe). Man has and must always have had instincts which afford all that is required as a starting-ground for advance in the mechanical arts (s. Argyll). Der Stamm ist emporgewachsen (als „ethnischer Organismus"). Die Kunst kann sich nur nach dem Volke richten, unter welchem sie lebt (s. Heinse). Wenn man die auf körperliche Merkmale gegründete Unterscheidung der Menschen in bestimmte Rassen auch in gleicher Weise in der Verschiedenheit der geistigen Anlage und der geistigen Entwickelung bestätigt fände, würde das System in der Ethnographie ein vollständig sicheres, in allen Theilen fest begründetes sein (s. Dronke). Lorsque la réligion fondée sur le climat a trop choqué le climat d'un autre pays, elle n'a pu s'y établir, et quand on l'y a introduite, elle en a été chassée (s. Montesquieu).

3) Dans l'état actuel du globe terrestre, l'établissement de modifications permanentes chez les êtres vivants, ainsi que l'union féconde d'individus d'espèces ou de races différentes et la reproduction des produits de ces unions, sont des phénomènes plus ou moins difficiles (d'Omalius d'Halloy). Die Art ist das Beständige in der Natur, das Gesetz in der Verschiedenheit, und der Zweck der Naturforschung ist das Beständige, das Gesetz zu suchen, wodurch die Mannigfaltigkeit in der Natur bestimmt wird (s. Link). Coeunt animalia generis ejusdem secundum naturam, sed ea etiam quorum genus diversum quidem, sed natura non multum distat (s. Aristoteles), des Genus „dans le sens d'espèce" (s. Godron). The greater and more sudden the change of circumstances, the greater and more divergent is the change in the species (s. Murray). Every species has certain determinate limits of variation, which it only exceeds under exceptional circumstances and the exceptionally abnormal forms thus produced are few individuals and are not reproduced (s. Bentham). L'espèce est absolue et permanente, les races d'une même espèce varient avec les circonstances (s. Godron). Il n'y a réellement dans la nature que des individus (s. Lamarck). Als ein Maulthier (bei Giskra) trächtig wurde (1838), suchten die Araber durch Fasten den Untergang der Welt abzuwenden (bei Gratiolet), und so erschreckte solches Omen in Rom. Antisthenes (mit den Cynikern) nie qu'on puisse connaitre autre chose, que les qualités individuelles de chaque objet (τὸ ποῖον), et les exprimer autrement, que par le terme propre, qui leur convient (οἰκείῳ λόγῳ). Il rejette et supprime les qualités communes (τὰς κοινότητας) des objets différents. Je vois, dit il, le cheval, ἵππον, non la chevaléité, ἱππότητα (Simpl.) l'homme, non l'hommcéité, ἀνϑρωπότητα (wie Diogenes in der Controverse mit Plato). Aristoteles „traite de sottise cette opinion", ᾤεϑο εὐηϑῶς, qui conduit à des conséquences absurdes (s. Bénard). L'empreinte de chaque espèce est un type dont les principaux traits sont gravés en caratères ineffaçables et permanents à jamais (Buffon). Quand les races diffèrent le plus possible, comme lorsqu'elles ne sont pas de la même espèce, telles que l'âne et le cheval, le chien et le loup ou le renard, leur produit est certainement métis. Si au contraire elles sont très-voisines, elles peuvent ne pas donner naissance à des mélanges et reproduire les types purs primitifs (s. Edwards). Toutes les variétés américaines, nées cependant de nos Pommiers d'Europe, sont différentes des nôtres (s. Godron). Jede Insektenart der Höhen erinnert an nah verwandte der Tiefe (s. Wagner). Omnis substantia est una numero et singularis, quia omnis res est una res et non plures (s. Ockam). Mimetic analogy relates genera of the same region (s. Cope). Physical resemblances or diversities are not found to present so ultimate a ground of classification as those of the human speech (s. Brace). Um die Natur einer Pflanzenform und die Grenzen ihrer Veränderlichkeit festzustellen, müssen vorzüglich Culturversuche, welche sich an die Beobachtungen auf dem natürlichen Standorte anschliessen, gemacht werden (s. Nägeli). Eine Species ist, was nachweisbar bluts- und stammverwandt ist; was nachweisbar nicht genetisch zusammenhängt, muss demnach specifisch getrennt werden

(s. H. Hoffmann). Eine Varietät mag als Rasse perenniren, indess unterscheiden sich Varietäten und Rasse vorzugsweise dadurch von den Arten oder Species, dass diese ursprünglich und anfänglich sind, jene aber erst innerhalb der Grenzen der Art sich später entwickelt haben oder noch entwickeln (s. Weerth). Die Gattung Eiche schliesst eine grosse Anzahl von Arten in sich (mit zahlreichen Abarten) und unter den nämlichen Sorten verschiedene Arten, an die verschiedene Beschaffenheit der Luft und des Bodens gewöhnt (s. J. S. Kerner). Universale dum intelligitur, singulare dum sentitur (s. Boethius). Indem neben Columba livia, als wirklicher Species, die anderen Rassen (der Tauben) nur scheinbar (also Varietäten) sind, ergiebt sich nicht eine Stütze der Hypothese Darwins, sondern ein starker Beweis gegen dieselbe (s. H. Hoffmann). Quodvis individuum est omni modo determinatum (im Principium individualitatis) als πρῶται οὐσίαι (s. Aristoteles) neben δευτέραι οὐσίαι (in Gattungen und Arten oder Geschlechtsbegriffen). Nominales dicti sunt, quod tantum tribuunt nominibus; conceptus vocant universalia naturalia, quia in natura sua repraesentant quidquid repraesentant, unde idem sunt apud omnes gentes, nomina vero vocant universalia arbitraria (s. Barbay). Der Artbegriff muss sich auf geographischem Hintergrunde klären oder er muss durch diesen erst einen seiner wesentlichsten Charaktere erhalten (s. A. B. Meyer). By disturbing the normal stability of an earlier species and preparing it to receive an impulse from less alteration of condition than would otherwise have effected it (s. Murray), hybridization may have some influence in producing a new species (in a multitude of individuals), deren ursprüngliche Stabilität erschüttert ist (s. Naudin). The new species formed in the separate islands have not quickly spread (im Galapagos-Archipelago); many even of the birds, though so well adapted for flying from island to island, are distinct (s. Darwin). Species may vibrate backwards and forwards between two differently situated districts in the same country, and at each vibration give off new forms, while the portion of the old, which have not moved still subsist (s. Murray). While the individuals of some species seem all different and might be described as different species, if seen isolated or obtained from different regions, those of other species appear as if all cast in one and the same mould (s. Agassiz). The first property, which we must look for in a natural group, is, that the affinities of the objects it contains, proceed more or less in a circle (Swainson). Sans s'exclure mutuellement, les caractères des parents peuvent être différents. Dans ce cas, le caractère correspondant chez le fils sera une „résultante', c'est-à-dire en réalite un caractère nouveau, qui n'existait ni chez le père ni chez la mère (s. Quatrefages). Bei dem Studium der geographischen Vertheilung der Formen kann man die Arten, die Gattungen und die natürlichen Familien ins Auge fassen (s. Beilschmied). Identical types occur everywhere upon earth under the most diversified circumstances (s. Agassiz), aber in ihren geographischen Variationen (nach der Weite der Veränderungsfähigkeit). Die Umgebung gleichartig physikalischer Agentien mag die zoologisch verschiedensten Typen neben einander einschliessen, indem die Reaction aus einem derartigen Typus (dessen Entstehungswurzeln über den Horizont hinausläge) bereits vorhanden sein muss, wie in der Chemie das Element. an welchem sich die Umwandlungen manifestiren (und charakteristisch ver-

schieden für jedes Einzelne, wenn auch alle in der Reihe nebeneinander
liegend). L'hérédité est la première cause des variétés de l'espéce humaine
(s. Foissac). Bei den (nach Owen) an Phocidae (der Digitigradae) angeschlossenen Ursidae (der Plantigradae) zerfallen, bei der Unterscheidung
zwischen Helarctos und Ursus, mit Abtrennung (für Ursus arctos) des Ameisen-
bären oder Mymarctos (s. Eversmann), und geographische Differenzen der
Braun-Bären (neben schwarzen, norwegischen, pyrenäischen, polnischen und
sibirischen). Tot sunt species, quot diversas formas creavit infinitum ens
(s. Linné). Hladnikia partnacifolia (bei Görz) Wulfenia carinthiaca (im
Gailthal) stehen local neben kosmopolitischen Pflanzen (Bellis perennis, Poa
annua, Capsella bursa pastoris, Sonchus oleraceus, Urtica urens, Solanum
nigrum etc.) L'espèce humaine n'est pas dans un état désespéré, elle peut
se régénérer et se perfectionner après quelques générations, en prenant des
mésures convenables. Il en est, à cet égard, comme des chevaux, des boeufs
et des moutons que l'on peut améliorer et dont on a perfectionné les races en
plusieurs contrés (s. Peyroux de la Coudrenière). Daubenton wirft Linné vor,
den Menschen unter die Vierfüssler gestellt zu haben, und G. Cuvier stellt ihn
als Ordnung hin (neben die Bimanen) im Regne moral (bei Barbénçois).
Anthropology is a science by itself (s. Wallace). The races of men as they now
exist on the globe constitute a fact, which cannot be overlooked (s. R. Knox).
Les races dans chaque espece ne sont que des variétés constantes, qui se perpétuent
par la Génération (s. Buffon). Zu einer Rasse sind alle Individuen zu zählen,
welche sich von anderen durch charakteristische Merkmale unterscheiden
und diese bewahren, so lange die bedingenden Umstände nicht mächtig
genug sind, die Charaktere zu verändern (s. Setterjait). Der Steatopygie der
Hottentottenfrauen entsprechend setzen asiatische Schafe einen Fettschwanz
an, der sich bei Ausführung verliert (unter den Russen). Weil besser genährt, haben die tahitischen Befehlshaber, der Natur und schönen Bildung
nach, soviel vor dem gemeinen Manne voraus, dass sie fast eine andere Art
von Menschen zu sein scheinen (s. Forster). The distance from perinaeum
to pubes is clearly greater for blacks, than for whites (s. Gould). „La
physiologie générale" ruht auf doppelter Basis („les conditions anatomiques
de la matiére organisée qui donnent la nature ou la forme des phénomènes
physiologiques" und „les conditions physico-chimiques ambiantes qui déterminent
et règlent les manifestations vitales") und betrachtet gleichzeitig „dans
l'organisme les propriétés vitales ou physiologiques des tissus vivants et les
propriétés physico-chimiques des milieux sous l'influence desquels la vitalité
des tissus se manifeste" (s. Bernard). Nur durch Abstraction aus wirklichen
Körpern erhalten wir successive die Vorstellung von mathematischen Körpern,
Flächen, Linien und Punkten (s. J. C. Becker). Indem Abstraction und
Repulsion den drei Dimensionen des Raumes, welche auf einander recht-
winklig stehen, parallel wirken und sich in allen Krystallen drei solche recht-
winkligen Linien, als Axen, ziehen lassen, so ergeben sich diese (bei Weiss)
als „die Beherrscherinnen der ganzen Gestalt, um welche herum sich sämmtliche Glieder (Flächen, Kanten, Ecken) symmetrisch gruppiren", in der Lehre
der Krystallaxen (s. Quenstedt). Die verschiedensten Bestandtheile eines
Grundcomplexes werden von verschiedenen Menschen mit ungleicher Intensität
angelagert (s. Stricker). Lorsque les deux milliards d'habitants auront exploité

le globe jusqu'au soixante-cinquième dégré, on verra noître la couronne
boréale qui donnera la chaleur et la lumière aux régions glaciales arctiques
(Fourier). Die Zellkerne bestimmen die Entwicklung des Cytoplasma, dieses,
indem es sich verändert, führt den Zellkernen veränderte Nahrungsstoffe zu
und veranlasst seinerseits deren Veränderung (s. Strasburger). Die von
Hofmann bei den Experimentalversuchen über die Methylirung der Phenyl-
gruppe im Anilin aufgestellte „Atomwanderung im Molecül" führte zur Entwickelung grossindustrieller Thätigkeit (in fabricatorischer Herstellung von
Farbstoffen). In der Substitutionstheorie oder (bei Dumas) Metalepsie
bietet sich ein Uebergang von den krystallinisch festen Verbindungen zu den
organischen Uebergängen (im Wachsthum). Die Bewegung, als Ursache
gedacht, ist die Kraft, und als Wirkung gedacht, ist sie die Arbeit der
Kraft oder die Leistung (Bochmer). Die Schwerkraft ist die allen Körpern
gemeinsame Eigenschaft, sich wechselseitig anzuziehen (s. Mohr). There is
at present in the material world a universal tendency to the dissipation of
mechanical energy (s. Thomson). „The potential energy of gravitation may
be in reality the ultimate created antecedent of all motion, heat and light,
at present existing in the universe." Aus den specifischen Energien der
Empfindungen leitete sich die Vorstellung der Kräfte ab, die sich objectiv in
Bewegung zusammenfassen (für die Physiker). Die Materie wird zur ὕλη des.
εἶδος bei Eintritt desselben (s. Plotin), mit der Grösse aus der Quantität des
λόγος (in der Qualität). Das Setzen des Seienden ist das Sein (s. Herbart), als
die ohne Vorbehalt gemachte Setzung (in absoluter Position). Neben Açmân
(ciel créé) unterscheidet sich im Avesta (s. Casartelli) Thwâscha (l'espace
illimité). Vyakti (das im Einzelnen ausgebildete) steht als Individuum neben
species (oder genus) im Akriti (das umgreifend Gemachte). Toutes les
fois qu'il nous est possible de saisir quelques relations entre une cause
quelconque et l'opposition d'une société servant de souche à une race c'est
dans le milieu que nous trouvons cette cause, parfois dans une particularité
unique, mais dominante (s. Quatrefages). Nos idées scientifiques ne sont
jamais dans l'origine que des suppositions, et n'ont d'autre valeur que celle,
qu'elles tirent de leur confirmation expérimentale (s. Naville). L'expérience
ne fait pas la raison, la raison ne fait pas l'expérience, mais notre savoir
résulte de leur harmonie (s. E. Naville). „La recherche des causes finales"
zurückweisend, und Gott betrachtend „comme l'auteur de toutes choses,
nous tâcherons seulement de trouver, par la faculté de raisonner, comment
celles que nous apercevons par l'entremise de nos sens ont pu être
produites" (s. Descartes). Gegeben (Datum) ist ein Verhältnissbegriff, dessen
Correlatum das Unbekannte ist (s. Klügel). Das Sein eines Accidens
ist nichts Anderes, als seine Inhärenz in einer Substanz (s. Bergmann).
Das Suchen nach Endursachen, man mag sie auch aus dem Wesen des
Menschen und der Natur selbst ableiten wollen, stört und verfälscht alle
freie Ansicht des eigenthümlichen Wirkens der Kräfte (s. W. v. Humboldt),
für objective Uebersicht (zum naturwissenschaftlichen Studium). Die rechte
Frage an die Natur ist fast das halbe Wissen (s. Baco von Verulam).
„Objectlose Kategorien sind ein leeres Wort, eine Worttafel (s. Herder),
die mit den Anschauungen ethnischen Materials zu füllen ist, für die inductive
Behandlung der Psychologie". „Da zwei gescheute Köpfe zu gleicher Zeit,

jeder von sich, eine gescheute Erfindung oder Entdeckung machen können, so ist es bei der weit grösseren Summe von Thoren und Dummköpfen weit wahrscheinlicher, dass in zwei weit entfernten Ländern gleiche Narrheiten angegeben werden" (s. E. A. W. Zimmermann). Nicht in Eröffnung patagonischer Gehirne, wie der Präsident der Akademie oder (bei Voltaire) „docteur Akakia" meinte, wäre das Wesen der Seele zu suchen, sondern in den Abdrücken ihrer Thätigkeit (in ethnologischen Museen niedergelegt). Les folies qui estoient en la dite teste luy faisoient changer ses mésures, so dass Pulissy auf Schädelmessung verzichtete (für eine philosophie alchimistale). Les hommes sont partout doués des mêmes qualités et des mêmes défauts (s. Firmin). Das Gehirn ist zum Denken bestimmt, wie der Magen zur Verdauung, die Leber zur Abscheidnng der Galle aus dem Blut (s. Cabanis). Im Stande der Natur sind auch die civilisirtesten Nationen, wenn ihre Bildung nur der menschlichen Natur nicht widerstreitet (s. Matthiä), im Unterschied vom Stande der Kindheit (bei den Wilden). Each race on becoming a nation creates its own form of civilization; what they borrow from others they modify and adapt to their own nature (s. Knox). Natura est semper sibi consona (s. Newton). Je gemeiner die menschlichen Empfindungen in einer Gegend wurden, je mehr sich die Einsicht erhöhete und ausbreitete, desto eher nahmen viele Geschlechter die gleiche Sprache an (s. Iselin). Nach Dupont haben Tauben und Hühner 12 verschiedene Töne, Katzen 14, Hunde 15 u. s. w. Dans le systeme sociétaire où le globe entier sera régi, comme domaine d'un seule homme, on obtiendra le double bénéfice d'une culture générale et parfaitement distribuée, ce qui procurera un adoucissement de climature de trente dégrés, comparativement aux atmosphères brutes (s. Fourier). In Christy's mexicanischer Reise legt sich der Grund zum Museum in verständiger Unterscheidung der Sammlungen: „how very useless for anthropological purposes mere curiosites are and how priceless every day things." The two principles, which tend most to the successful world of anthropology (the systematic collection of the produits of each stage of civilization and the arrangement of their sequence in development) are thus the leading motives of our two great anthropological Museums (s. Tylor). Nach dem von Forster gelieferten Vorbild hätten die Reisenden „Beiträge zur philosophisch-physischen Geographie zu liefern" (stellt Herder als Zeitforderung auf). L'affinité, considerée comme force, est une cause occulte, à moins qu'elle ne soit simplement l'expression des qualités de la matière (s. Deville). Der mechanischen Naturerklärung gegenüber erschien es Leibniz erforderlich, den Begriff belebter und formbildender Atome und die „formes substantielles" zurückzurufen (deren Natur consiste dans „sa force"). Die Kräfte oder (bei Aristoteles) ersten Entelechien, als „forces primitives" (s. Leibniz) „tragen nicht nur Sein, die Erfüllung der Möglichkeit (l'acte) in sich, sondern wesentlich auch angeborene Thätigkeit (l'activité originale). Les transformistes (contemporains) viennent avec beaucoup plus de connaissances de détail, mais sans une vue plus juste des conditions d'une saine philosophie, aux confusions d'idées qui caractérisent les doctrines des philosophes ioniens et qu'Anaxagore avait commencé à débrouiller (Naville). Nach Virgil entstehen aus den Aesern junger Stiere Bienen, aus Pferden Wespen und Hornissen, aus Eseln Mistkäfer, indem die Natur eins ins andere verwandelt (s. Plinius). Aus dem crepirten Streitross entstehen Hornissen. Reisst man einer Strandkrabbe die Scheere ab und gräbt sie in die Erde, so verwandelt sie sich in Scorpione. Aus Schlamm entstehen Fische (nach Ovid). Wespen entstehen aus verfaulenden Pferden (s. Varro). Bienen werden aus frischen Ochsenmagen mit Mist gezeugt (nach Plinius) und durch todtgeprügelte Ochsen (vom Hirten Aristäus). Das Plasma, als stickstoffhaltige Kohlenstoffverbindung (aus Umsatz anorganischer Materie in organische Plasmastoffe hervorgegangen) bildet die „Basis alles Lebens" (s. Richter). Die Landwirthschaft hat wesentlich und ganz besonders die Aufgabe, den materiellen Nutzen aus der Natur zu steigern, also zunächst diejenigen Naturgesetze willkürlich und sicher zu beherrschen, welche auf das dem Menschen unmittelbar Nützliche gerichtet sind, dann aber auch diejenigen zu kennen, welche dem leiblichen Wohl des Menschen entgegenwirken, seine Vorräthe, Wohnungen und Nutzthiere beeinträchtigen (s. Giebel). Nach Buffon bestände das ganze Geheimniss der Zucht darin, dass man aus den verschiedensten Himmelsstrichen stammende Thiere mit einander paarte (s. Hofacker), und die Ursachen der „Verschlechterung der Pferdezucht" liegen so in der glänzenden Theorie eines ausgezeichneten Geistes unter den Naturforschern (1828). Collins producirte die Kurzhörner (in Durham) aus der Tees-water-Rasse durch Veränderung des Skeletts zu Gunsten der Fleischmasse, wie Bakwell die Langhörner (in Dishley) aus der Leicester-Rasse. La créature de la race Mérine de Mauchamp remonte à 1828 (in Graux' Resultate. 1848). Die Otterbreed unter den Schafen (in Massachusetts) wurde auf die Mischung mit Fischottern zurückgeführt (1781). On est parvenu chez certains oiseaux, par exemple chez l'Oie d'Egypte, à modifier l'époque de la ponte et de l'incubation, de manière à ce que ces phénomènes physiologiques aient lieu chez nous, dans une saison favorable à l'éducation des petits (s. Godron) und so die Hühner von Bogota (aus sich selbst bei allmäliger Acclimatisation). The general Stud-book contains pedigrees of Race-horses controlled (in England). Schreckhafte, ungelehrige und träge Pferde sind (nach Brugmore) von der Zucht auszuschliessen (wegen der Vererbung). Je mehr die Himmelsstriche entgegengesetzt sind, woraus man Hengst und Stute nimmt, desto vollkommenere Pferde wird man erhalten (s. Hartmann). Je entgegengesetzter das Klima des Samens, desto besser gedeiht die Frucht (s. Brugmore). C'est principalement le Mélange des races, qui produit les plus beaux individus (s. Virey), nach dem für die Pferdezucht verderblichen „Worte" (s. Hofacker) Buffons (über das Urbild). Dagegen bildet der Landwirth Backwell durch Paarung verwandter Individuen seine edlen Rassen (mit theuer bezahlten Zuchtstieren), obwohl ein nur einseitig fortgesetztes breeding-in-and-in zu entartender Zeugungsschwäche führt, so dass es sich beim Festhalten einer „Originalrasse echter Mutterthiere" (bei den Schafzüchtern) um gesetzliche Wahlverwandtschaften handelt (in richtiger Auswahl). Indem die „natürliche Züchtung nicht durch Ausbildung zweckmässiger Formen, sondern durch Elimination der schädlichen oder einander vortheilhafter wirkt," ergiebt sich die zweckmässige Ausrüstung der Organismen nur in Folge davon, „dass minder gut ausgerüstete im Kampf ums Dasein zu Grunde gehen mussten" (s. K. Richter). Das Merkwürdigste bei Backwells Versuchen ist nicht sowohl das, dass er eine Rasse zu erzielen suchte, welche mit dem geringsten Futteraufwand am fettesten würde, sondern dass er es auf eine solche Race anlegte, bei welcher die beliebtesten Theile eine vorzugsweise Ernährung erfuhren. Der hintere Theil des Rückgrates und der obere Theil der Flanken enthält nämlich dasjenige Fleisch, welches in England am meisten geschätzt und als Roastbeef und Beefsteak gegessen wird, während das Fleisch der Hinterschenkel, der Brust, der Schultern, des Halses nur zur zweiten und dritten Klasse gerechnet, Kopf und Beine, mit kleinen, spitzen Kopf, dünnen Hals und überhaupt feine Knochen, aber mit einem äusserst breiten, langen, flachen Rücken (s. Thaer). Nach Ward verlieren die Neger in Amerika allmälig die wulstigen Lippen und vorragenden Unterkiefer. Stanhope Smith sah in New-Yersey Neger mit geraden Nasen und senkrechten Schneidezähnen. Nach Philip veredeln die Kinder in den südafricanischen Stationen ihre Kopfbildung mit der dritten Generation. Nach Mallat nähert sich der gezähmte Negrito in Farbe dem Tagalen. Nach Frère verbindet sich die Wölbung der Stirne bei zunehmender Civilisation mit Abplattung des Hinterkopfes. Missionäre in Hindostan wollen Kinder der Brahmanen bildungsfähiger und begabter gefunden haben, als die der anderen Rassen. Wo man auch in Westindien einen Neger in einer übergeordneten Stellung zu einem andern finden mag, zeigt er immer mehr kaukasische Züge, lange gerade oder gebogene Nase und meist eine judenähnliche Physiognomie (nach Day), die schon in den Funj liegt. „Mit Ausbreitung der Pflanzendecke im April waltet von den Käfern die Gattung Haltica vor. Die zarten Zweige der mit Laub bedeckten Bäume werden von Blatt- und Schildläusen bevölkert (die Coccinellen herbeiziehend). Im Mai verbreitet sich Telephorus, Meligethes, Cetonia. Gleichzeitig mit den ersten Blüthen der Obstbäume erscheint der Goldkäfer (Cetonia). Durch Zunahme des vegetabilen Lebens werden die von Verwesungsstoff ernährten Gattungen Harpalus, Amara, Bembidium beschränkt; da die Oberfläche im Juni durch die Heufechsung grösstentheils der natürlichen Pflanzendecke beraubt wird, vermindern sich die vom Blumenkelche und Laubwerk genährten Gattungen Haltica, Telephorus, Meligethes. Die Arten der Gattung Malachius bevölkern die Fluren der Cerealien. Im Juli begünstigt die Flora der lilienartigen Pflanzen die Verbreitung der Gattung Lema. Mit dem Eintritt des zweiten Vegetationscyklus auf den Grasfluren nehmen (im August) die Individuen jener Gattungen zu, die mit ihrer Nahrung an Pflanzen gewiesen sind. Im September vermehren sich rasch solche Gattungen, die von faulenden thierischen und vegetabilischen Stoffen leben. Im October verändern sich die Individuen aller Abtheilungen in der Fauna" (nach Fritsch). Aus der Identität der Menschen- und Thiermumien in Aegypten (Krokodil, Ibis religiosa) bewies Cuvier die Beständigkeit der Species seit Jahrtausenden. Vespertilio noctua, zu Linné's Zeit in Schweden unbekannt, wurde (1825) von Retzius gesehen. Der Wolf war zu Hans Mayers Zeit in Schweden häufig, zu Linné's seltener, jetzt wieder häufiger. Der Kreuzschnabel ist dem Apfelbaum nach England, das Rephuhn dem Kornbau nach Schottland, der Sperling nach Sibirien gefolgt, die Reisläufer, in Cuba heimisch, besuchen seit der Einführung der Reiscultur Carolina in grossen Schaaren, doch nur die Weibchen. Strix Flammea (der Schlauerkauz) ist aus dem nördlichen Deutschland ins mittlere gerückt. Hasen, mit denen ein

den atlantischen Stürmen ausgesetzter Sandstrich der englischen Küste bevölkert wurde, mussten (um nicht verschüttet zu werden) Löcher und Gänge
im Sandhügel graben (nach Art der Kaninchen). Von Insecten sind die
Waldbienen selten geworden und oft ganz verschwunden. Am Ohio ist Cro-
talus horridus der fortschreitenden Cultur gewichen. Reste des früher in
Scandinavien häufigen Emys lutaria finden sich im Torf. Die Muschelreste
am Caspi-See deuten auf andere Lebensbedingungen in vorhistorischer Zeit.
In aegyptischen Gräbern sind zwei Krokodile gefunden, die von allen lebenden abweichen. Die herbivore Cetacee, die 1741 von Behring zuerst beobachtet wurde, verschwand im vorigen Jahrhundert (Schmarda). Auf Isle
de France sind die Dronte u. s. w. ausgestorben, auf Neuseeland mehrere
Dinornis und auf der Philipps-Insel Psittacus nestor. Von Käfern haben (nach
Lacordaire) die alte und neue Welt 433 Geschlechter gemein, in denen die
eigentlichen vicariirenden Formen zu suchen sind. Von den Insecten ist auch
ein Vicariat der Verrichtung nachgewiesen. Das Vicariatsverhältniss tritt
bei den Hühnern besonders hervor, weil sie Standvögel sind. Bei Schwimmvögeln ersetzen sich Puffinus und Procellaria der nördlichen Polarzone
durch verwandte Species in der südlichen Halbkugel. In warmen Ställen ge-
haltene Kaninchen werfen achtmal im Jahre, im Freien viermal. Die Wein-
bergschnecken stossen ihren Kalkdeckel bei 8°—10° R. Luftwärme ab. Lim-
naeen erwachen bei Wasser-Temperatur 6° R., Kröten bei Erdtemperatur
3° R., und Essigälchen können einfrieren und leben nach dem Aufthauen
wieder, werden aber durch Hitze leicht getödtet. In England wurden die
Biber im IX. Jahrhundert, Bären 1057, Wildschweine zur Zeit Heinrichs II.
ausgerottet. Zur Thieruhr in Guiana dient der Brüllaffe (9 Uhr Abends und
3 Uhr Morgens), der Scheerenschleifer genannte Käfer beginnt um Tages-
anbruch, eine Stunde später ziehen die Papageien mit Geschrei in den Wald.
Nach Sonnenuntergang lässt sich der Huärju hören. Die kleinen Bergrassen
der Schafe werfen gewöhnlich nur ein Lamm, während die grossen Rassen
fetter Niederungsweiden meist zwei werfen. Merino-Schafe, auf mastige
Weiden gesetzt, werfen bald Zwillinge. Die an knappe Fütterung gewöhnten
Schafe Sachsens werfen bei reicher Fütterung in Litthauen meist schon im
ersten Jahre 2 Junge, dagegen verlieren die Marschschafe in Gebirgsgegenden
ihre Fruchtbarkeit erst in 3—4 Generationen. Die Sph. hyalinae, deren
Raupen im Mark der holzigen Pflanzen leben, folglich von zähen, trocknen,
farblosen, dem Lichte entzogenen Stoffen, zeigen in ihrer Bildung eine durch-
aus spröde, trockene, fleisch- und farblose Masse. Ihre Flügel scheinen nur
ein Rippenwerk, gleich den holzigen Theilen im Innern der Stämme und
den Blattrippen. Ebenso tragen alle andern Raupen und Schmetterlinge der
Arten, welche von Wurzeln und im Marke der Pflanzen leben, unverkennbar
das Gepräge der Nahrungsstoffe selbst, sind erdfarbig oder farblos glänzend
und unscheinbar, wie die Schmetterlinge und Raupen der N. radicae, oleracea, Pronuba exclamationis, segetum, die in Wurzeln und Pilzen lebt,
tragoponis, den milchigten Saft des Wiesenbocksbart fressend u. s. w. und
die Raupen und Schmetterlinge derer, die im Marke leben. B. humuli, lupu-
linus, Hectus, Cossus arundinis, terebra, aesculi, welche sämmtlich dem
lockeren Zellgewebe des Markes ähnliche, schwache, unscheinbare, oft
dem Bast oder faulen Holz vergleichbare Zeichnung und Schuppenfügung

haben. B. neustria in Apfelbäumen lebend, ist heller, als an Zwetschgen. B. Caja, mit Salatblättern aufgezogen, wird heller und einfacher gefleckt, als mit Nesseln aufgezogen. An Apfelbäumen ist B. Monacha blasser, als an Kiefernadeln. Die verschiedenen Fasane stammen theils aus Vorder-Asien, theils aus China, die Haushühner sollen von dem sundaischen Gallus Bankiva und dem indischen Gallus Sonnerati abstammen und sind frühzeitig durch Malayische Völker über die Südsee, im Norden bis Island und Grönland, nach Westen in das tropische Amerika, verpflanzt, wohin auch die Hausgans, die Ente, der indische Pfau und das afrikanische Perlhuhn mit den Europäern gewandert sind. Aus Amerika stammt der Truthahn. Die Stammeltern (Columba livia) der Haustaube nisten am Mittelmeer-Gestade. Der Canarienvogel ist auf Elba verwildert. Die auf Isle de France eingeführte Drossel (Martin chasseur) befreite die Insel von den Heuschrecken. Das Schaf, von Ovis Ammon oder O. musimon (oder beiden Species) abstammend, hat sich von den Vorhöhen der asiatischen Bergländer über ganz Europa in vielen Varietäten verbreitet. Der Ochse wurde am Cap von den Europäern schon gezähmt gefunden. Die Katze, den Mäusen folgend, hat sich mit dem Ackerbau verbreitet, das aus Nordafrika stammende Frettchen ist mit der Hegung und der Jagd der Kaninchen im domesticirten Zustande weiter verbreitet worden. Die orientalische Zibethkatze (Viverra Zibetha) ist (aus den Molukken stammend) über ganz Süd-Asien als Hausthier verbreitet und über die Philippinen nach Guatemala, Mexico und dann nach Cuba gebracht und dort verwildert. Der Gepard (Felis jubata) kommt als gezähmtes Jagdthier nach Indien. Der Haussperling (Pyrgita domestica) ist (aus dem Mittelmeergestade) mit dem Weizen- und Gerstenbau der römischen Colonisten nach Deutschland gekommen, verbreitete sich mit dem Getreidebau nach Norwegen und Sibirien, an der Lena 1710 erscheinend, am Obi 1735, weiter östlich 1739, aber noch nicht in Kamtschatka (nach Gloger). Mus rattus (Hausratte) ist im Mittelalter von Osten hergekommen, Mus decumanus (Wanderratte) im XVIII. Jahrhundert (aus Indien) über die Wolga setzend 1727, aus Polen nach Deutschland ziehend 1770, bis Nordamerika 1775 (die gemeine Ratte verdrängend); in Peru durch Hamburger Kauffahrer eingeführt. Mus setosus ist aus Indien nach Brasilien gewandert. Der Löwe (in Thracien und Griechenland) fand sich zur Zeit Theokrits in Sicilien, während der Kreuzzüge im westlichen Asien. Jetzt sporadisch am Ganges und in Gondwana. Löwenjagden in Indien wurden angestellt von Alexander M. und von Kaiser Akbar (v. Schmarda). Der Zug der wandernden Vogelschaaren geht in nord-südlicher Richtung (ausser der Wandertaube, die wegen Futtermangel meist einer west-östlichen Richtung folgt). Die Kreuzschnäbel gehen, soweit die Vegetation der Coniferen reicht (nach Schmarda). An das Vorhandensein der Wälder sind alle Affen, viele Handflügler, die Faulthiere, Hirsche, Eichhörnchen, Klettervögel, die meisten Raubthiere und Singvögel, Taube und Huhn gebunden (von den Reptilien Baumeidechsen und Schlangen). Unter den Insecten findet man viele Coleopteren (unter Schmetterlingen die Motten und Noctuiden) besonders in Wäldern (Apatura iris am Saume, wie das Aguti). Alle Singvögel (besonders aus der Familie Sylvidae) lieben Gebüsch (Saxicola in offenen Gegenden). Der Cephalopod Ommastrephes giganteus geht vom Südpol nach der Küste Chilis, und Octopus sagittalis vom Nordpol nach der Küste Neufundlands (Fischschwärme verfolgend und Mollusken). Centronotus ductor folgt dem Hai (von den Excrementen lebend), Haie folgen dem Küchenauswurf der Schiffe und (nach Lenon) auch Thynnus atlanticus. Haie, Delphine und Wale folgen den Zügen der Fische, die nordischen Walthiere erscheinen zu bestimmten Zeiten an bestimmten Punkten Islands (wo Persönlichkeiten den Küstenbewohnern durch Namen bekannt sind). Die Wale der Südsee erscheinen periodisch bei Neuseeland, die Albatross (Diomedea) folgen den Zügen der Fische bis in die Flüsse hinauf, (brüten im October in der südlichen Halbkugel an Cap Horn und Neuseeland, finden sich aber von April bis Juni bis Kamtschatka und zu den Kurilen). Goldfische von 1½″ Länge wachsen in Glasgefässen durch eine lange Reihe von Jahren nicht, erreichen aber in einem grossen Bassin innerhalb 10 Monate ihre dreifache Länge. Die Insecten des Himalaya sind (nach Kollar-Redtenbacher) solche, die besonders der gemässigten Zone angehören. Mit zunehmender Höhe und abnehmender Temperatur werden die Molluskenformen des Himalaya den europäischen immer ähnlicher. Die Mönche genannten Schmetterlinge kommen in den Alpen und Voralpen der Schweiz nur in einer scharfbegrenzten verticalen Zone vor (s. Schmarda). In Höhen von 3—4000′ kommen in Südamerika die Flöhe nicht mehr fort (die nach Sancho Pansa nicht die Linie passiren). Die Actinien leben nahe an der Oberfläche, die Gehäuse bauenden Korallen überschreiten nicht einige Hundert Fuss Tiefe. Hartschalige Echinodermen halten den beständigen Wasserdruck der grossen Tiefen aus (wohin auch die hydrostatischen Medusen gehen können). Nach Forbes kann jede Species nur auf einer bestimmten Art von Meeresgrund leben. In jedem Haufen der südamerikanischen Ameisen findet man Larven von Scarabaeiden, und ein blinder Käfer (Claviger foveolatus) wird in den tiefsten Schlupfwinkeln ihrer Behausung gepflegt. In Folge verschiedener Strömung wird die östliche Küste von Süd-Amerika von anderen Thierformen bewohnt als die westliche. An der Ostküste geht ein Strom warmen Wassers aus dem Aequatorialmeere nach Süden, während längs der Westküste ein niedrig temperirter Meerstrom aus dem antarctischen Meere zum Aequator fliesst. Der Westküste fehlen die Korallen selbst innerhalb der Wendekreise, während sie an der Ostküste häufig sind und selbst um die Bermudas noch Riffe bauen, begünstigt durch das warme Wasser des Golfstromes, in dessen nordwärts sich verbreiterndem Bette der fliegende Fisch Exocoetus volitans der Aequatorialzone bis in die gemässigten Zonen im lauen Wasser wandert. So weit der Golfstrom längs den Gestaden der Union hinfliesst, trägt die Fisch- und die Mollusken-Fauna ein südliches Gepräge, das bei der nordöstlichen Wendung verschwindet. Der Eisbär wird auf schwimmenden Eisfeldern von der Driftströmung nach Island geführt, und so (nach Fabricius) der Bos moschatus nach der grönländischen Küste (Rennthiere nach den Melville Inseln). Sperling, Mäuse, Ratten folgen dem Ackerbau des Menschen. Nach de Candolle beruht die heliotropische Krümmung auf einem durch Lichtmangel gesteigerten Längenwachsthum der Schattenseite (étiolement). S. u. E. (S. 38).

4) Was Panther (F. Pardus) oder Leopard (F. Leopardus) sei, darüber ist man vielleicht überhaupt noch nicht einig (s. Wenzel Gruber). The maneless feline beast, which occurs in the older armorial bearings may have been

intended to represent a Lion leoparded (s. Smee) in französischer Heraldik
(und so die Lions passant und gardant im englischen Wappen). Panthera
Pardus (West-Afrika), Nimr (Ost-Afrika), antiquorum (Indien), variegata
(Java), orientalis (Korea), Irbis (Bucharei), macrocelis (Sumatra), nebulosa
(Assam), marmorata (Malacca), rubiginosa (Coromandel), torquata (Bengalen),
nepalensis (Nepàl), megalotis (Timor). Lynx vulgaris (Mittel-Europa), pardina
(Süd-Europa), cervaria (Nord-Europa), mexicana, carolinensis, canadensis,
floridana, fasciata (Nordwest-Küste Amerikas). Leo barbarus, capensis,
senegalensis, persicus, guzeratensis. Gruppen bilden sich in der Familie
der Katzen (mit den Löwen als Gattung). La Poule nègre (in Bogota)
stammt von der europäischen (s. Federmann). Der Tiger ist durch seine
vielbeugige (polyklinische) Natur (s. Brandt) weniger an die Abhängigkeit
von physikalischen oder meteorologischen Bedingungen gebunden (als besonderer Constitution angemessen bei den meisten Thieren). The Puma
(felis concolor), a native of the American continent, has been styled the
American lion (s. Rhind). Hyaena brunnea ist (nach Röppelt) eine Varietät
der Hyaena crocuta (neben Hyaena striata). Neben Tapir Americanus
(und Tapir Villorus) in Süd-Amerika findet sich Tapir Indicus in Sumatra,
Borneo und Malacca (bis China). The Ounce- or Snow-Leopard represents
the Leopard in the high regions of Thibet (also found in the island of
Saghalien). The Jaguar is the representative of the Leopard in America
(s. Murray). Der japanesische Maulwurf Urotrichius findet sich auch an
der gegenüberstehenden Küste Californiens. Die Verschiedenheiten „of the
nature of climatical Variation" (s. Murray) bilden (b. Swainson) vier Species
(unter „five if not six"), leo africanus (im Nordstreifen), leo asiaticus, leo
melaceps (b. Burchell) und leo australis (des Südens). Les espèces sont
distinctes entre elles. par la raison décisive, qu'il n'y a entre elles qu'une
fécondité bornée (s. Flourens). The female of the African Lion has along
the middle line of the back of her neck a vestige of mane, corresponding
with that of the Lioness of Guzerat (s. Smee) Felis Pardus (noch weit leichter
zu zähmen, als der Leopard) lässt sich wie die Hunde zur Jagd abrichten.
(s. Edlem v. Meyer). Wenn Schweine an Fleischnahrung, Katzen an vege-
tabilische Kost (Schafe auf den Orcaden an getrocknete Fische u. s. w.) gewöhnt werden, „des modifications aussi importantes dans l'alimentation en
déterminent nécessairement dans l'organisme le tube digestif lui-même
n'échappe pas à la variation, il éprouve des changements marqués dans son
ampleur et dans sa longueur, comme on l'a positivement constaté sur le
Chat, sur le Porc etc." (s. Godron). Dutertre (1667) fand die „cochons marrons"
(das spanische Hausschwein) in den Antillen (s. Roulin) mit den wieder-
gewonnenen Charakteren des europäischen Wildschweins, in Guyana (bei
Blassiville), die „Chevaux-marrons" (in La Plata) sind (s. Azara) von gleichartig brauner Farbe, wie die Wildpferde der Tartarei (s. Pennant); die beim
Verlassen der Insel Juan Fernandez von den Spaniern (1660) zurückgelassenen
Ziegen verwilderten dort, wie von Anson (1761) gefunden, und so Wildziegen
bei Cumara (nach Humboldt). Im Unterschied von der Vielfarbigkeit der
häuslichen Rinder zeigen die wilden (in La Plata) Farbengleichheit (s. Azora).
Dans les Shetland et les Orcades, la laine tombe d'elle-même au commencement de l'été, et la jarre reste. La jarre peut aussi exister seule ou presque

seule, comme dans les Moutons du Sénégal, du Congo et de Loango, dans une race de l'Himalaya etc. Le pelage, formé ainsi de poils jarreux, peut-être très-court et ras, comme on l'observe dans les Moutons de Guinée, dans ceux des Touaregs et du Fazogle (s. Godron). An der Nordseite des Amazonas und der Ostseite des Rio Negro finden sich von den Affen Ateles Paniscus, Brachyurus, Satanas und Jacchus Bicolor, but never on the opposite banks of either river (s. Wallace), südlich vom Para finden sich Mycetes Beelzebub und Jacchius Tamarin (nicht nördlich). Die Süsswassertümpel in Süd-Africa (s. Holub) oder auf Trinidad (nach Kennel) gleichen faunistisch den europäischen, wie die von einander isolirten Karpfenteiche von Warmbrunn in ihren Infusorien, Krebsthieren und Würmern, indem die wilden Enten, welche auf diesen Teichen zwischen dem Schilfe nisten, einen beständigen Austausch herbeigeführt haben (s. Zacharias). La Danube nourrit une population peu nombreuse, affaiblie par les maladies dont la taille et la vie moyennes sont sensiblement au-dessous de celles des populations voisines. mais lentement façonnée à des conditions d'existence exceptionelle, cette population les supporte néanmoins (s. Quatrefages). Unter den Verwandtschaften zwischen West-Africa und der Küste Brasiliens there is a remarkable instance, what may almost be called a South-American Old-world Porcupine (Aulacodus Swinderianus) in West-Africa, of the Petromys typicus, another Rodent, belonging to the South-American type, in South-Africa, and of the Ant-eater and Poycteropus, the Manis and Dasypus, found respectively in these countries (s. Murray) und so für die Coleoptera (bei Fry) und Lepidoptera (bei Bates). Der Jaguar (Felis Onca) is the representative of the Leopard in America (s. Murray), Felis Irbis (Snow-Leopard) in Tibet. Während der Panther nur in Asien, kommt der Leopard auch in Afrika vor (mit besonderer Form auf Formosa und Sumba). Der Seehund des Caspi gehört zu Phoca Vitulina und der das Baikal zu Phoca foetida (im Nord-Atlantic). Zwischen dem Schakal Indiens und Senegambiens „les différences sont très marquées et en conséquence Cuvier en avait fait deux espèces; mais depuis cette époque les intermédiaires ont été découverts et M. Isidore Geoffroy n'a point hésité à les réunir" (Quatrefages). Unter den Bovina (der Antilopen) entspricht Anoa depressicornis (in Celebes) mit Damalis Oreas (in Süd-Afrika). Unter den Verschiedenheiten der Eichhörnchen in Nord-Amerika, die „varieties are sometimes more or less constant in particular localities, sometimes changing with every litter" (s. Baird). The Viscacha (in den Pampas) is a burrowing Chinchilla, in the same way, that the Marmot is a burrowing squirrel (s. Waterhouse) und the Beaver „an aquatic squirrel" (s. Baird). Bei dem Camord genannten Rind (als Gnato in La Plata) ist die Schnauze verkürzt (wie beim Bulldogg unter den Hunden). In cattle the Pelones and Calougas, now existing in the warmer and warmest parts respectively of South America. having been changed from ordinary cattle so much that the former has only verry fine short hair and the latter no hair at all (s Murray) a change is observed (without killing the species). Towards the sources, rivers do not form a boundary between distinct species, but those found there though ranging on both sides of the stream, do not often extend down to the mouth‘ (s. Wallace), wie am oberen Rio Negro (und seinen Zweigen) Callithrix torquatus Nyctipithecus trivirgatus, und Species von Jacchus gefunden werden (none of which inhabit the Lower Rio Negro or Amazon). The extreme

northern and cold districts have Field-mice (Voles), the southern and warmer
districts have true Mice (the species fir stretching in a broad band across
the north of Europe, and the silver fir doing the same in the middle of
Europe). Mit Ausrotten der Wälder wurde der Graufuchs (in Kentucky)
vom Rothfuchs (V. vulgaris) verdrängt, weil wenig beschützt in offener
Gegend, wogegen mit der „power of climbing trees" (Newberry). Grönland
gehört nach seinen Pflanzen und Insecten zu Europa, in seinen Vögeln und
Säugethieren zu Amerika. Where the woods cease there cease the Cebidae
(s. Murray), distinguished by their truly prehensile tails (furnished on the
under side with in naked, flattened, palm-like termination) bei den Lago-
thrices (s. Stack). Der Chronologie der biologischen Geographie steht als
Schwesterwissenschaft die Paläontologie zur Seite, jene hat es mit der Verbreitung der Organismen im Raum, diese mit ihrer Verbreitung in der Zeit
oder mit den Umständen ihrer Aufeinanderfolge zu thun (s. Spitzger). In
Canis famil. subcaudatus (bei Bechstein) vererbt sich der kurze Schwanz.
Sehr oft sieht man Pudel (C. f. aquaticus), Hühnerhunde (avicularius) und
Schäferhunde (pastoralis), die von einer guten Rasse sind, ihre eigenthümlichen Künste des Apportirens, Vorstehens ohne alle vorhergegangene Dressur
verrichten (s. Hofacker). Zur Modezeit der engen Schuhe mit hohen Absätzen
waren die Kinder hoher Stände mit einwärts gedrehten Zehen geboren
(s. Thaer), und Aehnliches wurde für China vermuthet (wegen weiblicher Huf-
füsse).

⁵) Die Ericaulon-Arten (meist den heissen Gegenden eigen), werden in
der temperirten und kalten Zone durch die Eriophora vertreten (s. Meyen),
Gladiolus communis im südlichen Europa, sowie Mesembryanthemum nodi-
florum und crystallinum, dann Stapelia husseita bilden Repräsentanten (als
species vicariae), dieser auf dem Vorgebirge der guten Hoffnung sehr zahlreichen Gattungen (s. Schouw). Neben der Linde (Tilia europaea) findet
sich Silberlinde im Orient, Schwarzlinde in Amerika. Die Euphorbia canariensis und Euphorbia balsamifera sind es, am westlichen Ende der alten
Welt, welche daselbst die Cacteen-Formen der neuen Welt darstellen (s. Meyen).
Die eigentlichen Eriken der alten Welt entsprechen der sogenannten Erica
coerulea (s. Willd.). Die Casuarinenform Hinterindiens (und Neu-Guineas)
wird in dem nördlichen Theil der alten Welt, sowie auf den Gebirgen Amerikas
durch die Gattung Ephedra vertreten (s. Meyen). Euphorbia meloformis re-
präsentirt in der alten Welt die Melocacten der neuen Welt, Euphorbia
mamillaris die Echinocacten, die Euphorbia biglandulosa repräsentirt die
Gattung Rhipsalis (s. Meyen). Unter den Cactus finden sich die kugelförmigen
Gattungen (Melocactus, Echinocactus und Mamillaria) in den wasserlosesten
Gegenden (wasserreich). Die fleischigen Gewächse (aus der Familie der
Ficoideen und Sempervivon) finden sich in Südafrika (in wasserlosen Gegenden).
Einzelne Formen von Triticum, die in Spanien constant sind, finden sich in
Heidelberg zum Theil variabel mit Ausnahme heisser Sommer (s. Metzger).
Zea altissima aus dem warmen Amerika zeigte sich binnen sechs Generationen
in dem Pfälzer Mais fast vollständig zurückschlagend (s. Metzger). Die
Acacien haben ihr Maximum in Neu-Holland, welchem Land sie fast ganz
angehören, die Acacia heterophylla aber (durch die Blattform den Eucalypten
verwandt) repräsentirt diese grosse Familie der südlichen Hemisphäre noch

auf den Sandwich-Inseln (s. Meyen). Brassica oleracea (à l'état sauvage) croit spontanément sur les côtes de France et d'Angleterre. Mais en comparant cette plante sauvage, à tige grêle, à feuilles petites et écartées les unes des autres, il semble au premier abord difficile d'admettre qu'elle soit à la fois la souche de nos Choux verts, de nos Choux de Milan, de nos Choux-Cabus, de nos Choux-Raves, de nos Choux-Brocolis, de nos Choux-Fleurs etc., der „Monstruosité", qui sous l'influence de la culture est devenue héréditaire dans le Choux-Fleur. Mais si l'on examine ces plantes fleuries ou à l'état de fructification, elles montrent toutes des fleurs et une inflorescence identiques, on observe dans toutes des pétales et des étamines dressées, des pétales à limbe et à onglet de même forme et de mêmes proportions, dans toutes on trouve des siliques bosselées, des graines lisses, en un mot, il ne manque aucun des caractéres spécifiques, qui les rapprochent entre elles et qui les éloignent des espéces congénères (s. Godron). Regio Quercuum et Castaneorum 2000—4000 F., Regio Fagi 4000—6000 F. in Sicilien (mit dem Aetna), Regio europaea 1200—2500 F., Regio sylvatica 2500—4600 F., Regio Pini canariensis 4080—5900 F. in Teneriffa, Getreide 7000—9000 F. in den Cordilleren. Quercus sessiliflora, pedunculata (nördlich), Cerris (südlich), rubra (in Nordamerika), suber (in Spanien), Ilex. Quercus robur (Chéne à feuilles lobées) in Mittel-Europa correspondirt (in Spanien nebst afrikanischer Verwandtschaft) mit Quercus suber und Ilex (chéne à feuilles dentées). Die Griechen begriffen Dattel, Kastanie, Eichel unter βάλανος (glans der Römer). Die Eicheln von Quercus conferta werden in einigen Gegenden Serbiens genossen* (nach Schultes), die Eicheln von Quercus Oophora werden von den Kurden als Nahrungsmittel benutzt (s. Kotschy). Regio collina, Regio montana, Regio alpina nach den Höhen (für die Vegetation) bis zum terminus nivalis (vom Niveau des Meeres ab). In der Familie der Compositae werden Cichoriaceae und Cynarocephalae durch die Gattungen Aster und Solidago ersetzt (in Nordamerika). Ce qu'il y a de certain, c'est que des Poiriers et des Pommiers de nos fôrets, à fruits petits et acerbes, se sont modifiés sous l'influence de la culture et de semis repétés, qu'ils ont fini par perdre généralement leurs épines au bout de quelques générations qu'ils se sont dépouillés de ces stigmates de l'état sauvage pour les métamorphoser en boutons à fleurs, et que leurs fruits, blessant l'organe du goût, se sont transformés en produits bien différents par leur grosseur et par leurs qualités savoureuses (s. Godron). Die Agaven der neuen Welt entsprechen den Aloegewächsen in der alten Welt (s. Meyen). Als Pflanze der Ebene fehlt die Buche dem südlichen Europa, bereits am südlichen Abhange der Alpenkette in Italien erscheint sie erst auf einer nicht unbedeutenden Höhe, und in Spanien fehlt sie gleichfalls (s. Schouw). Die Cistusgewächse von Spanien und Portugal sind (in Deutschland) durch das Helianthemum annuum repräsentirt (s. Meyen). Die Alpenpflanzen zeichnen sich durch grosse Blüthen aus (wie lebhafte Farben). Bei Cannabis sativa wird aus dem die Keime zu beiden Geschlechtern enthaltenden Samen auf sandigem, trockenem Boden unter sonniger Lage eine männliche Pflanze entwickelt, auf feuchtem Boden eine weibliche (s. Manz) Indem bei Entwicklung des Organismus physikalische Kräfte in Wirkungsverschiedenheit einfallen, um den einen vorzeitig in den Abgleich der Ausgestaltung überzuführen, den andern im Streben nach solcher fortzuerhalten, so tritt bei derartig geschlechtlicher Trennung eine neue Wiedervereinigung

derselben Reproduction in der Zeugung ein (aber stets bereits nach einer
der beiden Hälften auseinanderfallend). Keimen die Weizenkörner auf der
Oberfläche des Bodens, so dringen die Wurzeln ziemlich rasch in den Boden
ein, so dass sich keinerlei Einfluss des positiven Heliotropismus geltend
machen kann, oder wenigstens sofort durch den Geotropismus paralysirt
wird (s. K. Richter) nach „Geothermischer Tiefstufe" zugleich (im Pflanzen-
wuchs). Die Temperatur der Luft wird bedingt durch den Winkel, unter
welchem die Sonnenstrahlen (schräg oder senkrecht) auf die Erde auffallen,
durch oceanische und continentale Lage, durch die Wärme im Erdinnern,
durch die Höhe über dem Meeresspiegel, durch die allgemeine Neigung des
Bodens und seine Richtung gegen die Himmelsgegend, durch die Boden-
beschaffenheit, durch die Pflanzendecke, durch Meeresströme und Winde
(s. Prestel). Alte Hennen nehmen mitunter das Aussehen eines Hahnes
an mit Hahnenfedern und Hahnenschwanz (s. Dehne), wie alte Frauen
(ein Bild einer Virago) bei den Berathungen herrschen (unter Indianern).
Bei Feststellung der pflanzlichen Geschlechtsorgane schloss Camerarius auf
hybride Bildungen (1694), und Linné versuchte künstliche Darstellung (1758).
L'hybridité ne peut avoir lieu, en dehors des espèces qui appartiennent à un
seul et même genre naturel (s. Godron). On doit s'attendre, que, lors même
que l'hybridité serait determinée dans tous les cas par un degré fixe d'affinité,
ce degré pourrait bien n'être pas d'accord avec notre classification générique
(de Candolle). Les hybrides végétaux ne sont pas habituellement féconds
pour eux-mêmes, mais le deviennent quelquefois, peut-être spontanément et
certainement par suite de l'intervention une ou plusieurs fois reitérée, du
pollen de l'un des deux types générateurs (s. Godron). Die durch Hybridation (im „statu nascenti") leichter eingeleitete Acclimatisation, bis zur
Herstellung eines Gleichgewichts (in inertia), lässt sich bei exotischen Pflanzen,
die seit hundert Jahren verpflanzt sind, wenig bemerken, denn „the change is
effected through the medium not of single individuals, but of a multitude
of individuals, a whole nature of the same species" (s. Murray). Ob causae
degenerationis (bei Blumenbach) oder causae perfectionis (bei Prichard)
wirken, hängt von der Wahlverwandtschaft ab (bei der Acclimatisation).
When mineral matter is in a „nascent state", that is to say, just liberated
from a previous state of chemical combination, it is most ready to unite
with other matter, and form a new chemical compound (s. Turner). In dem
Studium der Verbreitung wahrscheinlicher als in irgend einer andern Richtung (mit Ausnahme vielleicht der Embryologie) wird man schliesslich den
Schlüssel zu der noch dunkeln Frage über Entstehung der Arten finden
(s. Sclater). Die Erblichkeit ist das Gedächtniss der Plastidule, die Variation
ist die Fassungskraft derselben (s. Häckel). Im Lebenskampf, gleich dem
des Gymnasium (bei Plotin), unterliegt der Schwächere (im „struggle for
existence"). Es giebt kein anderes Leben, als das durch Erbfolge (s. Virchow).
Le seul lien véritable qui rattache les individus, est celui de la parenté
(s. de Lima). Präformirte Keime, die seit der Schöpfung bereit lagen, hat
kein Auge gesehen; was wir im ersten Augenblick eines Geschöpfes bemerken, sind wirkende, organische Kräfte (s. Herder). The reality is alone
the Spiritual (s. Drummond) in platonischer Idealwelt (und polynesischen
Kosmogenien).

Anhang.

Neben den Vorkommensverhältnissen, nach geographischer Verbreitung im Verbreitungsbezirk, als topischer (horizontaler oder verticaler) und geographischer Vertheilung für die Physiognomik (in Flora und Fauna), geht (in der Chorologie) der „biologische und speculative Theil der Pflanzen- und Thiergeographie" (für die Existenz- oder Lebensbedingungen) „von der Betrachtung der physischen Beschaffenheit des Verbreitungsbezirkes der einzelnen Arten aus" (s. Pokorny), und mit dem „genetischen Zusammenhang aller Lebewesen", nach der „allgemeinen Entwicklungstheorie" (im Wege der Abstammung) ergiebt sich „das Resultat zeitlicher Vorgänge, welche in letzter Linie zur Hervorbringung der gegenwärtigen Lebensformen und deren Verbreitung und Vertheilung geführt haben, wodurch der gegenwärtige Zustand der Dinge nur als Folge vorausgegangener Entwicklungszustände der Erde und ihrer Organismen erscheint" (1881). Bei der Folgerung, dass „Vererbung gerade so das Mittel zur öfteren Wiederholung des die besonderen Systemgruppen vereinigenden Merkmalcomplexes war, wie sie noch jetzt die stete Erneuerung der gleichen Organisation innerhalb der Artschranken besorgt", fasst man dann die „typischen Differenzen" (in den geographischen Verbreitungsphänomenen) „als allmälig in den Descendenzreihen hervorgetreten auf" (s. Spitzger). Dans l'arbre généalogique les branches naissent et s'écartent de plus en plus du tronc, de la souche commune (s. de Lima). C'est donc, en vérité, sur un sable mouvant, que l'on s'efforce à bâtir, où tout est relatif et changeant (1886), et wo deshalb, zur Unterlage ordnender Classification, der Ausgangspunkt nur dort gegeben sein kann, wo im vergleichenden Ueberblick der

Differenzen, aus dem Berechnen ihrer bedingenden Ursächlichkeiten, die Verhältnisswerthe gegenseitig berechtigter Existenz
festzustellen wären, also in den geographischen Provinzen (auf
selbstgestütztem Gleichgewicht der Wechselwirkungen).

Im Uebrigen hatten frühere Einwände keineswegs bezweifelt,
dass „die Entwicklungsansicht der Umbildungsidee und der
Annahme umgestaltender Kräfte ganz ebenso sehr wie des
Gedankens genealogischer Verknüpfung" (1886) bedürftig sei,
sondern vielmehr die Berechtigung, in solch genealogischer
Verknüpfung die Schranken des Thatsächlichen willkürlich zu
überschreiten, so lange es sich um naturwissenschaftliche Forschung handeln soll (inductiver Methode), und nicht eben um
„semi-acute reasoning, upon what might possibly have occurred
under conditions, which seem never to have been fulfilled" (s. Elam).
„Ein Jegliches hat seine Zeit" das Spätere später (in der Meta-
Physik). Der Altmeister in homochroner Gelehrtenrepublik, der
die Gesetzlichkeiten des Kosmos, (wie sie philosophischen Ohren
in der Harmonie der Sphären geklungen), durch die Forschungsmethode physikalischer Apparate herauszuhorchen verstand, fühlte
sich in den, Victor Strauss (und Gesinnungsgenossen) betreffenden,
Briefen betroffen, von seinem „naturhistorischen Leichtsinn,*)

---

*) It is well known that between the Invertebrata and the Vertebrata
there is no transition form. It is also known (by Mr. Darwin) that, by
means of the Ascidians, we are supposed to „have at last gained a clue to
the source whence the Vertebrata have been derived". But as to that „group
of marine animals resembling the larvae of existing Ascidians", which were
our „most ancient progenitors in the kingdom of the Vertebrata": — who
they were, or what, or whence, is known to no one but Professor Haeckel!
True, even he does not profess to have any producible evidence that such
animals ever existed; they are destitute of one single living representative;
there is no fossil evidence of their former existence; their sole „raison d'être"
is, that they are required by the hypothesis. In Haeckels „Stammbaum" here
they are accordingly — as veritable as Falstaffs men in buckram — with no
extinct or living representatives, but being, for all that „undoubtedly" the
progenitors of all the Vertebrata, through the Ascidians. Not that they were
always so, however. Far from it. But — anticipating the advice of
Mrs. Louisa Chick — they knew how much depended on them, and they
„made an effort". It succeeded beyond all expectation. They „developed
themselves"! How? By the simplest possible process in the easiest possible
manner. Nothing more than — the formation of a spinal marrow and a chorda
dorsalis (s. Wainwright). „For whatever be among melipouae the distribution
of the generative capacities, among hive bees, at any rate, all workers are

indem er in Entstehung des Organischen aus dem Anorganischen, ja in Bildung des Menschen aus chaldäischem Urschleim keine Schwierigkeiten findet" (1842). Bei Urzeugung der Moneren durch „Autogonie" hätte sich vorher das „lebensfähige Plasma" (des Urschleims) „aus einfacheren Kohlenstoffverbindungen" zu bilden (s. Haeckel), und dann liesse sich „das Entwicklungsgesetz der Organismen in greifbarster Gestalt" (s. A. Lange) gewinnen, „als das Substitutionsgesetz der Kohlenstoffverbindungen" (im Anschluss an Kristallbildungen). Aber „protoplasm varies almost infinitely in consistence, in shape, in structure, and in function" (Mr. Huxley talks feelingly of the possibility of himself feeding the lobster quite as much as of the lobster feeding him, but such pathos is not always applicable). We can neither acquire the functions of what we eat, nor import our functions to what eats us. We shall not come to fly by feeding on vultures, nor they to speak by feeding on us. No possible manure of human brains will enable a cornfield to reason (s. Stirling). Indess erwächst in verschiedenen Erdtheilen aus eingegrabenem Menschenkopf eine Cocosnuss in der Philosophie der Naturstämme, die für ihre sonstigen Ansichten über sympathische

---

sterile neuters, which never have any offspring to whom to bequeath their cell-making skill, while the queen-bee and drones, which alone can become parents, have no such skill to bequeath. Clearly, the formula of descent with modification by natural selection, is, in its literal sense, utterly inapplicable here" (s. Thornton). The Ontologist proves something with infinite display of logic, and if you admit it to be proved you find that the admission leaves you exactly where you were before (s. Leslie Stephen), wie in „qua-qua versal proposition" (s. Owen), „which may be read backwards, forwards or sideways, with exactly the same amount of signification" (einer Ascendenz oder Descendenz). Les savants materialists qui soutiennent l'origine simienne de l'homme, ont été devancés dans leurs opinions par certains sauvages de Madagascar, qui prétendent descendre du singe à courte queue (s. Loudun), und so die Orang Birma (von den Ounka puteh) s. Geogr. und Ethnl. B. (S. 553). „Der Boden, auf welchem der erste Mensch entstand, war ein Thier", von Thiermilch genährt (s. Reichenbach), und während die Suake-Indians von den Schlangen (ihre Collegen von vervollkommneten Schnecken) stammen, wachsen Meschia und Meschiane aus dem Urbaum, denn den Mutterschooss des ersten Menschenkindes bildet ein riesiger Blumenkelch, „voll Nektarien mit süssem Milchsaft" (s. Ritgen), und in Sachsen, wo „die schönen Mädchen auf den Bäumen wachsen", kamen die Verehrer des Saxnot oder Suhsnot, (gladii consors), aus dem Fels, vielleicht einem Jyvrikling, mit Butter überschmiert (s. Grimm), die statt der Milch zur Nahrung dienen könnte (wie Masi dem Bantu).

Erlangung von Eigenschaften und Fähigkeiten blutige Beweisstücke aufzuweisen vermögen (in anthropophagischen Ceremonien
verschiedener Art).

Das Ferment der mächtigen Bewegung, welche durch des
grossen Reformators Fundamentalwerk („On the Origin of species") in das geistige Leben der Gegenwart geworfen wurde,
fiel in den „Kampf ums Dasein" bei dem „Selectionsprincip"
oder der „Zuchtwahltheorie", und ungeahnt neue Perspectiven
lagen hier plötzlich nach allen Richtungen hin eröffnet, bei
dem Einblick in eine Menge scharfsinnig detaillirter Einzelnfälle.
Die so gegebene Anregung würde eine fruchtbarste Weiter-
bildung erhalten haben im genaueren Anschluss an die geographischen Provinzen. Es handelt sich zunächst noch nicht um
„the question, which has been largely discussed by naturalists,
namely, whether species have been created at one or more
points of the earths surface" (s. Darwin). Trotz des theoretischen Interesses, das hier anlockt, hat das praktische voran-
zugehen, um für die Differenzen organischer Variationen aus
den physikalischen Agentien der Umgebung die Ursächlichkeiten
im Besonderen nachzuweisen, wobei das Klima als „alle Verhältnisse der Oertlichkeit" (s. Link) in seinem weiteren Sinne
(beim Zusammenarbeiten mit der Meteorologie) zu fassen gewesen. Hier wäre jeder Schritt vorwärts auf dem fest gesicherten
Boden controllirbarer Thatsachen geblieben, während leider dich-
terische Ausflüge vorgezogen wurden, die, so hübsch sie lauten
und aussehen mögen, doch, von Fachgenossen, auf gleicher Linie
mit homerischen abgeschätzt sind.

Darwin selbst, in ängstlicher Gewissenhaftigkeit seiner sorg-
sam strengen Forschungsmethode, (ehe ihn der aufflammende
Enthusiasmus feurig begeisterter Jünger über manche Scrupel
hinweghob), — Darwin selbst sprach nur vom „Glauben" (in
subjectiver Ansicht): „I believe, that animals have descended from
at most only four or five progenitors, and plants from an equal
or lesser number. Analogy would lead me one step farther,
namely to the belief, that all animals and plants have descended
from some one prototype. But analogy is a deceitful guide".
(Our ignorance of the laws of variation is profound.)

Das wären also Glaubensdogmen; wem der Glaube beliebt, der
mag ihm folgen, wie früher in mythologisch religiöser Construction

des Weltgebäudes*), so in einer näher an wissenschaftliche
Ergebnisse angeschlossenen, bis auf die Nebularhypothese hinaus.
Er mag glauben an jene Stammeslinien in der thierischen Ahnen-
stufe des Menschen, von Moneren oder Protogenes zu „taub-
stummen Kretinen" und „Microcephalen" (bis „Australier" und
„Papuas"), glauben auch an ovidische Metamorphosen, etwa an
die eines im Wasser schwimmenden Bären**) in einen Wallfisch,
glauben wie ihm der Zahn gewachsen, — das sind Geschmacks-
sachen, die Jeder mit sich selber abzurechnen hat.

Die Naturforschung dagegen, wenn festhaltend an objectiver
Induction, kennt keinen Glauben, sie hat anzuklammern am sicher
gewonnenen Besitz des Wissens, (am winzigsten Strohhalm desselben), um scharf markirte Grenzlinien zu ziehen zwischen (so-
weitigem) Wissen und dem Nichtwissen, oder Noch-Nichtwissen
(nach jedesmaligem Standpunkt), und die im Weiterschreiten
angezeigte Richtung scharf vor Augen zu halten, vorsichtig
prüfend, Schritt für Schritt, ob noch fester Boden des Thatsächlichen unter den Füssen. Sonst heisst es: Χρῆ στῆναι (s. Aristot.).

---

*) „It is certain", according to „the doctrine of Evolution", „that the
existing world lay potentially in the cosmic vapour". But where it lay before
the cosmic vapour existed, deponent saith not (s. Wainwright). „Matter,
force, motion are not unknown to Science, but of matter self-originated and
self-sustained, of matter self-existent and therefore eternal, of self-originated
force or self-originated motion, of all these, throughout the realm of the
inorganic world, Science knows nothing" (1886). „οἶμαι" sagt Origenes in
der οἰκονομία (trinitarischer Welt) und meint (bei den Controversen über
die Schöpfung) qu'il n'appartient de prétendre connaître la science de
„l'avant" et de „l'après", qu'à des bavards, ignorant, que l'homme ne saurait
saisir que le „milieu" des choses (s. Denis), und so all' die verzwickten Fragen
über die ἀγεννησία der Welt (zumal bei jetzt unendlicher Auffassung). „Zu
der Annahme, dass alle Glieder der Thierreihe aus einem einzigen Typus,
einem Urthier, als Abwandlungen verschiedener Art entspringen, liegt in
unserer Auffassungsweise kein zwingender Grund" (1881). Völlig unbeant-
wortbar sind die besonderen Fragen der Neugier nach dem anschaulichen
Verlauf der Vorgänge, durch welche allmälig der Bau der organischen
Geschöpfe und die Entstehung des Menschen zu Stande kamen (s. Lotze),
und so lange, im Fortgang der Studien, die Anschauung nicht gewonnen ist,
fehlt der Induction ihr Boden (für ersten Fuss-Auftritt).

**) In North-America, the black bear was seen by Hearne swimming
for hours with widely-open mouth, thus catching, like a whale, insects in
the water. I see no difficulty in a race of bears being rendered by Natural
Selection more and more aquatic in their structure and habits (with larger
and larger mouths, till a creature was produced as monstrous as a whale

So hätte auch das Ineinanderrechnen der Biologie mit den paläontologischen Ergebnissen bei der „imperfection of the geological record" (s. Darwin) nicht zu früh eintreten sollen, da es zunächst geregelte Arbeitstheilung gilt, damit ein Jeder im eigenen Gebiete aufräume und die Thatsachen klar stelle. Die Geologie ist bei ihren Fachmännern in besten Händen. Sofern sich allmälige Vereinfachung im gegenseitigen Zusammenarbeiten herstellt, um so besser, und wenn bis zur monistischen Einfachheit, am besten (weil am bequemsten zugleich). Doch fördern hier keine Wünsche, so heiss sie auch drängen oder aufrichtig gemeint seien. Aus dem Utilitätsprincip hat sich die Chemie, (zum Besten der Verschönerungen im täglichen Leben, die ihr zu danken), mit dem Wall der Elemente umzäunt und den verführerischen Sirenengesängen alchymistischer Träumereien entsagt, obwohl hier monistische Einheit der Metallwandlungen selbst noch in klingendem Golde gezahlt haben würde.

Gleicherweis gelte es auch in der Biologie. Den Aussenstehenden, den Laien, (zu denen die Mehrzahl — mea tenuitas

---

(s. Darwin). Später scheinen allerdings Schwierigkeiten gesehen zu sein, und ein Billigdenkender wird hier ebensowenig an Vorwürfe denken, wie anderswo wegen späterer Empfehlung des Bathybius „in french leave" (obwohl das auf die Reclame aufmerksam gemachte Publicum sich einigermaassen getäuscht gefühlt haben mag). Die brutalisirte Seele αἱρεῖται πρὸς τὸ ἀλογωθῆναι καὶ τὸν ἔνυδρον, ἵν' οὕτως εἴπω, βίον, καὶ τάχα κατ' ἀξίαν τῆς ἐπὶ πλεῖον πλώσεως τῆς κακίας ἐνδύεται σώματα ὑδαρῆ τοιοῦδε ζωοῦ ἀλόγου (s. Origen.), und so in der Evolution (des Pule Hau) aufsteigend wieder (durch die Existenz-Wandlungen der Jataka, eines παλαιὸς αἶνος) in μυθολόγημα oder auch τιθηνῶν μυθάρια der „Fatua" (wenn die „Fabula" faselt). It is not in any sense true, that any substance even distantly resembling organized matter has been formed; the line of demarcation between the organic and inorganic is as wide as ever (s. Elam), und „agnostic Evolution" (nothing more than a flimsy framework of hypothesis constructed upon imaginary or irrevelant facts, with a complete departure from every established canon of scientific investigation) gilt als „puerile hypothesis" (b. Mivard). Ob nun so oder nicht, jedenfalls haben die in der Naturforschung durch internationale Partnership Verbundenen ein gemeinsames Interesse daran, dass beim grossen Publicum der Credit ihrer, auf die (mit Lingots inductiv geprüfter Thatsachen) gefüllten Speicher, fundirten Bank nicht durch gewagte Speculationen irgendwie erschüttert werde, denn in jeder Baisse ihrer Werthpapiere wäre eine Schädigung der Culturentwicklung zu notiren, — da auf dem Zukunftsgang der Menschheitsgeschichte der Führung der Induction fernerhin noch wird gefolgt werden müssen, da, eben sie allein als Leiter noch leuchtet, (als letzter Hoffnungsstern).

mit eingeschlossen — sich rechnen wird, im Vollgefühl eigener
Unvertrautheit mit dem Detail), steht es nicht zu, hineinzureden
über das, was die Meister auf den ihnen zugehörigen Feldern in
Zoologie und Botanik entscheiden mögen. Wie der grosse
Reformator selbst es ausgesprochen: „In determining whether a
form should be ranked as a species or a variety, the opinion of
naturalists, having sound judgement and wide experience seems
the only guide to follow" (1861).

Demnach mögen also die Fachgelehrten entscheiden, wie es
ihnen am besten dünkt, aber: caveant! dass das geheiligte Grundprincip inductiver Forschungsmethode keine Verletzung erfahre,
da wir ihrer (heil und ganz) fernerhin, wie vorauszusehen, bedürftig sein werden, für ein noch schlüpfrigeres Gebiet (bei
naturwissenschaftlicher Durchbildung der Psychologie).

Und hier tritt zugleich, für genealogische Verknüpfung, —
mit welcher der Zoologe in eigener Domäne, der Botaniker in der
seinigen schalten mag, wie ihm beliebt, — derjenige Protest
ein, den die Anthropologie auf ihr zugehörigem Bereich zu erheben hätte, betreffs des „descent of man".

Nicht aus sentimentalem Aufschrei gegen eine Erniedrigung
der Menschenwürde, — da niedere Herkunft gegentheils adeln
würde, im „self-made-man", — aber um dem Forschungsgang
einen fest gesicherten Ansatzpunkt zu bewahren, für erste Schritte,
wohin diese nun schliesslich auch führen möchten, im $\varkappa\acute{\alpha}\vartheta o\delta o\varsigma$
(b. Plot.) oder $\check{\alpha}\nu o\delta o\varsigma$ (b. Porph.), „den Umkreis zu enden und
aufzuathmen aus Drangsal" (im orphischen Gebet).

Ehe den Fluss der Entwicklung betretend, die, — solange
der Ueberschau eines, am Anfang und Ende umschriebenen, Kreis-
laufs ermangelnd, — ihrer Verhältnisswerthe in dem Rechnungs-
flusse verlustig geht, ehe also zum Wagniss eines höheren Calculs
(unendlicher Reihen) sich erkühnend, bedarf die comparative
Betrachtung ihres Mitteldurchschnitts zum Ausgangspunkt (und
ersten Ansatz eines Beginns). „Toute question d'acclimatation
comprend deux termes, qui sont pour ainsi dire les composantes
de la résultante que l'on cherche ou que l'on étudie; ces deux
termes sont: la race et le milieu" (s. Quatrefages), und da das
letztere Gebiet mit Hülfe der Meteorologie allmälig zugänglicher
wird gemacht werden können, empfiehlt es sich, hier zunächst das
Problem in Angriff zu nehmen (bei systematischer Forschungs-

methode). Von dem mächtigen Einfluss der natürlichen Ursachen
entspringen in den heissen und kalten Erdgürteln jenes Einerlei
der Begriffe und jene Unveränderlichkeit der Gewohnheit, weil
eben die nach einerlei Ordnung wirkenden Ursachen auch stets
die nämlichen Wirkungen hervorbringen müssen (s. Alex. Wilson)
im psychisch gleichartigen Wachsthumsprocess (unter den
Variationen geographischer Provinzen). „These two, Heredity and
Environment, are the master-influences of the organic world"
(s. Drummond), aber aus practischen Gesichtspunkten haben wir
es zunächst nur mit dem letzteren dieser beiden Factoren zu thun,
denn „what heredity has to do for us, is determined outside
ourselves", und so für inductiv naturwissenschaftliche Untersuchung
fällt der Schwerpunkt nicht in „Evolution", in die „nature of the
organism" (dessen Anfang über irdische Sehweite vorläufig hinaus-
reicht), sondern in „the nature of the conditions" oder in die
geographische Provinz, innerhalb Armslänge zu erreichen, „wenn
man sich nur die Mühe des Ausstreckens geben will" (s. Chattoton).
Trotz statthabender Berührung im Protistenreich, in der Zusammenfassung als „Lebewesen" (s. Pokorny), hatte vorher das Thierreich
und das Pflanzenreich, ein jedes derselben das eigene Lehrgebäude
selbstständig festzustellen.

Und so das Menschenreich, — trotz zoologischer Zusammen-
gehörigkeit des Homo sapiens auf physischer Hälfte, — für den
grösseren Schwerpunkt der psychischen Hälfte, die aus der Gesellschaftswesenheit in die geschichtliche Entwicklung überführt.

Was kann es nützen, die an sich bereits verwickelten Fragen,
im Beginn der Fragestellung bereits neu zu compliciren durch
wahrscheinliche oder unwahrscheinliche Phantasien über „Bluts-
verwandtschaft" (Blutloser auch) in phylogenetischer Entwicklung
(der Descendenz). Cui bono? sei mit Cassius gefragt, „à quoi
bon?" (da vorläufig mittelst vergleichender Anatomie das Pensum
voll ausreicht, zur Feststellung wesentlicher Identität in den
Körperanlagen der Lebensformen).

. Die Arbeit liegt schwierig, schwer und gewichtiger vor in
scharf bestimmter Aufgabe, so dass für die Ergötzlichkeiten
dichterischer Stammeslinien noch keine Musse übrig scheint, und
zunächst hier einzig gelten kann, in deutlicher Sehweite thatsächlich gefestigte Landmarken aufzustecken, mit dem Ausgang vom
„Gegebenen" (bei der Ueberschau des Globus).

Alles Uebrige wird sich finden; und was mich persönlich betrifft, da ich keine Theorie pro domo zu verfechten habe, wird mir jedes Endergebniss, (ein die heutige Descendenzhypothese mehrweniger bestätigendes ebenso gut, wie irgend ein anderes), vollkommen gerecht sein, sobald erlangt: ohne die Grundprincipien inductiver Methode geschädigt zu haben. Bis dahin jedoch verbliebe die Entscheidung in suspenso, (in Erwartung der aus naturwissenschaftlicher Psychologie folgenden Aussagen), und bis dahin sei „unguibus et rostro" gekämpft, wenn naturwissenschaftliche Apostaten sich gar vermessen, das Programm eines Infallibilitäts-Dogma aufzustecken (das Zeichen geistiger Knechtschaft in der freien Wissenschaft der Zukunft).

In dieser viel umstrittenen Controverse liegt der Unterschied also darin, dass die radicalen Anhänger der Descendenz sich bereits im Besitz eines Wissensschatzes wähnen, reich genug für eine Lebensrente, wogegen ihre Gegner (soweit seitens der Ethnologie zu sprechen) über die Echtheit der vertriebenen Münzen bedenkliche Zweifel hegen. Vollgültigere in Cours zu setzen, finden sie sich augenblicklich allerdings nicht in der Lage. Sie bekennen sich gegentheils als bettelarm (gleich Sipassier) und hülfsbedürftig, sie bekennen laut und offen ihr totales Nicht- (oder Nochnicht-) wissen, glauben indess einen Weg vor sich zu haben, um dorthin zu gelangen, wo das Edelmetall in situ zu haben sein wird, für den, der streng systematische Detailarbeit nicht scheut oder verschmäht (weil das Confect der Hypothese lieblicher mundet). So steht Glaube gegen Glaube, und der kommenden Generation bleibt es vorbehalten, sich für den einen oder anderen zu entscheiden.

Wer aus morphologischen Uebereinstimmungen das Descendenzprincip, von Moneren oder (b. Nägeli) Probien her, als nothwendige Schlussfolgerung ableiten zu müssen meint, könnte auch versucht sein, die chemischen Elemente wieder in jene „Essenzen" alchymistischer Retorte zu verflüchtigen, aus denen bis jetzt kein Stein der Weisen, (weder ein lapis sapientium oder philosophorum, noch ein öskasteinn mit sonstigen „Wünschelsteinen"), rückständig geblieben ist. Vereinfachung in der gegenwärtig buntgewürfelten Zahl ist nicht nur möglich, sondern (nach sachverständigen Ansichten) nahe bevorstehend, aber der im Oberstübchen unbeirrte Praktiker wird, was jetzt im kostbaren Besitz, darin hüten, ehe er den Sperling in der Hand für die Taube auf dem Dache hingäbe. So hätte auch die Biologie,*) um das Grundprincip in naturwissenschaftlicher Forschung nicht zu verletzen, bei denjenigen Varietäten der Transmutation zu verbleiben, wie sie fachkundig und sachverständig sich als richtig constatirte erwiesen haben.

Soweit für heute und dem Morgen seine Sorgen („sufficient unto the day is the evil thereof"). Wei neng si žin, yen neng si kuei (antwortete Confucius auf Kilu's Frage).

In der „Biosphäre" (des organischen Reichs) unterscheiden sich für die menschliche Auffassung drei Wesenheiten, die botanische, zoologische und humanistische, die ersten beiden mit Mehrheit der Typen, in denen sich ein Nisus formativus (in Schöpfungsgedanken) ausprägt, die letztere mit Einem Vertreter nur, da die in Dämonen, Engeln, Genien oder anderen Spukwesen, aus νοεραὶ φύσεις (b. Clém. Al.) beigegebenen Genossen der Traumwelt überlassen bleiben müssen, mit der sie vor unserer realistischen Gegenwart verblichen sind, — während diese nun wieder „bereitwilligst die Keime von dem einen auf den andern Weltkörper befördert" (s. Spitzger) in „Thomsonscher Meteoritenpost" (für die Kosmologie, „made easy"). Die organischen Wesenheiten variiren auf der Erdoberfläche nach dem Klima, gebildet vom „Zusammenspiel an einem bestimmten Orte" (s. Hann) der meteorologischen Erscheinungen (in ihrem gesetzmässigen Zusammenwirken), im Grossen und Ganzen den drei Hauptzonen nach, gemäss den Jahresisothermen gezogen (b. Supan), und im Besonderen für die Localdifferenzen (jedesmaligen Kreises in den Geographischen Provinzen).

Im Allgemeinen könnte, gleichnissweise, die botanische Wesenheit durch die Palmen am Aequator, die Tanne oder Fichte im Polarzirkel repräsentirt gelten, aber mit detaillirterem Einblick würden sich dann die Pinus-Arten charakteristisch ab-

---

*) Der „logische Fehler" (im Schluss von der Einheit des Typus auf Einheit der Abstammung) wird verschlimmert, wenn der Protest (für die Lebewesen) unter Berufung auf das „Fortpflanzungsvermögen" eingelegt wird, da dieses in den Vorbedingungen organischer Existenz involvirt zu setzen ist, und zunächst zwar mit der Tendenz auf Erhaltung des Typus hin, in „conservativer Vererbung" (neben „progressiver Vererbung"). „Lorsque l'espèce a été ébranlée, affolée" (s. Vilmorin), vermögen dann die im statu nascenti einfallenden Reize ablenkend zu wirken, aber stets im Streben, ein „équilibre stable" wiederzugewinnen (harmonischen Abgleichs).

trennen, nach den Repräsentativformen ihrer geographischen Vicariationen u. dgl. m. (mit zunehmenden Theilungsstrichen unter Verschärfung des Maassstabes). Aehnliche Paradigmen lassen sich bei der Thiervertheilung aufstellen, je nach teleskopischer Fernschau oder mikroskopischem Studium. Beim Menschen ändert sich der Standpunkt der Betrachtung insofern, da hier nicht das Individuum, sondern der Gesellschaftskörper, worin jenes als integrirender Theil aufgeht, den Ausgang der Forschung zu bilden hat (beim Zoon politikon), und dieses Menschenreich, weil längs des ihm gesteckten Zielstreben innerhalb irdischer Schranken nicht rückläufig, als ein soweit jenseitiges erscheint. In dem Organismus dieser Gesellschaftswesenheit wird der faktisch realisirte Leib durch die rechtlichen Institutionen gebildet, deren physiologische Gesetze sich festgesetzlich geregelt erweisen, als einheitlich allüberall auf der Erde, obwohl unter den Färbungen der geographischen Variationen nach den ethnisch abgeschlossenen Kreisungen differenzirt. Und wie beim Körper der Einzeln-Persönlichkeit setzt sich bei der gesellschaftlichen aus dem Physischen der „Influxus physicus" fort in das Psychische hinaus, für die Gedankenbildungen, deren Schöpfungen dann in religiösen Vorstellungen den ethnischen Horizont umschweben, mit später schärfer markirten Grenzgebieten zwischen Kunst und Wissenschaft, bis die letztere, als die der Natur, auch die Psychologie einzubegreifen haben wird (in Wiederherstellung einigenden Zusammenhanges).

In der „Wechselbeziehung des Wachsthums" (correlation of growth) liegt zugleich — um das Gleichgewicht (balancement of growth) in dem, (einseitig pathologischen Störungen für seine Existenz nothwendig erliegenden), Organismus zu bewahren — ein deutlich ausgesprochenes Veto eingeschlossen, gegen unbegrenzte Umwandlungsfähigkeit. In den primären Zellen, aus denen der Organismus physiologisch sich aufbaut, ist solche Tendenz zum typischen Wachsthumseinklang seines Charakters, unter logischem Zwang, als bereits präexistirend zu setzen, und obwohl, trotz Verfeinerung physiologisch-physikalischer Untersuchungsmethoden bis jetzt noch in Kraftwirkungen ein sinnlich fassbares Stoffliche verschwindet, bliebe im Fortschritt der Entdeckungen die Aussicht keineswegs abgeschnitten, manches „corpus delicti" vielleicht einstens einmal habhaft zu werden, um dadurch dann weitere Einblicke zu gewinnen, wie bildungsfähig nachgiebige Masse, so lauge im statu nascenti eindrucksfähig, umgestaltenden Modificationen unterliegen könnte. Σπεῦδε βραδέως indess (zum gewissenhaften Controlliren soweit erlangter Resultate), denn so lange sich den zu Gebote stehenden Reagentien das Element nicht fügen sollte, pflegt der Chemiker dasselbe anzuerkennen, und ob die Biologen etwa gut thäten, solch nüchternem Beispiel zu folgen, ist ihres eigenen Amtes zu entscheiden.

Immer ausserdem verbleibt im Anfang (im Ersten des Ersten), der Stein des Anstosses oder „Anlaufens", indem im stofflichen Keim die specifische Tendenz, in deren Richtung bereits, als wirkend zu setzen wäre, und obwohl im ἕν καὶ πᾶν die Reduction bis zum Nichts (im Nichtsein) fortgehen könnte, ist der Forschung dagegen aus dem Gegensatz, (dem Pleroma), ihre Aufgabe gestellt, in der bunten Mannigfaltigkeit des Sein, um trotz solch verwirrender Vielheit das einigende Gesetz zu finden (im harmonischen Kosmos).

Allerdings sind die im verdunkelnden Dunstkreis irdischer Beschränkung dem menschlichen Geist gespiegelten Schöpfungsgedanken nur die Spiegelungen eigenen Denkens, denn „die Natur hat kein System, sie hat, sie ist Leben aus einem unbekannten Centrum zu einer nicht erkennbaren Grenze", wie Göthes Dichtersinn herausgefühlt hat.

Dennoch aber ist, unter trichotomischen Windungen und Wendungen, dem Philosophen die Hoffnung verblieben, dass alles Seiende „vernünftig", und bei Einschluss des „Uebernatürlichen" aus „spiritual laws" (s. Drummond) in der Natur (unter Identität der „Natura naturans" und „Natura naturata") würde der Naturforschung erübrigen, denjenigen Weg zu versuchen, der logisch geschultem Denken gleichfalls die gesicherte Führung der Induction zu gewähren vermöchte (bei naturwissenschaftlicher Durchbildung der Psychologie auf Grund ethnischer Thatsachen). „Il y a dans le monde deux mondes, le monde qu'on voit et le monde invisible" (s. Lamartine), und wenn wie jene im Sinnlichen, diese im Uebersinnlichen durchforscht werden soll, nach den Principien der Inductions-Methode, bedarf es einer Beschaffung der Bausteine zunächst (in den Völkergedanken).

Mit leitendem Faden eingeschlagen in die im psychischen Wachsthumsprocess treibende Spirale, um sich im (gnostischen) Λαβύρινθος (b. Cajus) nicht zu verirren, mag das logische Rechnen allmälig genügende Sicherheit in seinen Operationen gewinnen, um einem höheren Calcul: the delicate and refined system of mathematical reasoniug, now generally known, as the „Calculus of Probabilities" (s. John F. W. Herschel), sich anzunähern (und über die Schranken des Endlichen hinweg vielleicht einen Fern-blick zu erhaschen).

Innerhalb des Gesichtskreises deutlicher Sehweite sind (mit vorläufigen Ausfall des Anorganischen) in der „Biosphäre" die Unterscheidungslinien zu ziehen, zwischen Pflanzen-, Thier- und Menschenreich, als „Règne humain" (s. Quatrefages)*) oder „Règne moral", ohne schon in einem „angéologisme" (s. Fréret) zu höheren Welten aufzusteigen innerhalb der „horizons du ciel" (b. Rouzier Joly), für die „Pluralité des mondes habités" (s. Flammarion).

Bei objectiver Umschau über das thatsächlich Vorhandene

---

*) Soweit sich in der Ethnologie, (bei specificirender Abgrenzung von der Anthropologie), von einer Schule bereits reden liesse, gebührt der fran-zösischen der Vorrang, da sie vor Allem, unter ihren verdienstvollen Leitern, mit klarer Entschiedenheit an dem naturwissenschaftlichen Standpunkte fest-gehalten hat (auch für dessen philosophische Fortleitung).

In England, dem Land „of common sense", ist aus dem sicheren Boden naturwissenschaftlicher Thatsachen Darwins grosses Werk erwachsen, aber in Betreff geistiger Fragen (über „spiritual laws") geräth man dort leicht in allerlei unklares Durcheinanderrechnen, und geschärftere Contouren, wie bei Mills Verquickung der Induction mit dem Positivismus (Comte's) versucht, waren in der „Evolution" (b. Spencer) bald wieder verschwommen (unbe-schadet freilich des von Tylor und Lubbock in Materialbeschaffung auf-gerichteten Gerüstes).

Im Lande der Denker liegt es wie bekanntermaassen, im Guten und im Schlimmen. Die Trockenpräparate der Naturgeschichte wurden mit natur-philosophischen Dichtungen umschleiert, aus einem (gleich Maha-Brahma) in sich selbst versenkten Schneckengehirn (b. Oken), und als zum allmäligen Aufbau der Transmutationslehre (in „natural selection") um Mitwirkung gerufen wurde, war rasch eine Descendenztheorie herausgesponnen, die bei vernachlässigter Prüfung erster Einschlagsfäden sich im Dunstgewebe der aus dem Urschleim (chaldäischer Urweisheit) aufsteigenden Miasmen, so wohlig zu fühlen scheint, um bereits im sublimirten Instinct (thierischen Gevetters) aus „Fäcaldüften" eine Seele herauszuriechen, wie die Maori aus dem „Ver-wesungsgestank" (Meto's), wenn sie dort auf ihrem letzten Loche pfeift (in unterster Schichtung des Reinga).

Dagegen darf sich die Ethnologie in Deutschland eines ehrenvollsten Vor-läufers rühmen, der in den „Ideen zu einer Geschichte der Menschheit", vor hundert Jahren bereits von demjenigen gekündigt, was auf dem Forschungs-gebiete des Völkergedankun, bei inductiv gefestigten Stützen, den Boden künftiger Weltanschauung vorzubereiten verspricht (wenn das erforderliche Material in Zeiten zu beschaffen, einigermaassen noch gelingen sollte).

hat die inductive Forschung, im Beginn ihrer Rechnungsoperationen, die in unendlicher Reihe den Augen entschwindenden Ursprungs-fragen zu vermeiden, und deshalb, wie in der Chemie von den Elementen, bei den Organismen ihren Ausgangspunkt vom ele-mentar Gegebenen zu nehmen, da, wo sich ein gesetzlich her-gestelltes Gleichgewicht (ein „équilibre stable") erweist, in Wechsel-wirkung mit den physikalischen Agentien klimatisch-geographischer Umgebung.

Verschieden von der Unveränderlichkeit botanischer und zoologischer Provinzen, schwankt die Peripherielinie des anthro-pologischen Kreises in der ethnischen Variationsweite historisch eingeleiteter Bewegung, in der Geschichte des Menschengeschlechts, dessen getrennte Gesellschaftskörper sich, jeder derselben, in den Einzelncomponenten des Individuums dann wieder auf zoologischen Anschluss zurückführen würden (in animalischer Stufenreihe).

In der terrestrischen Bedeutung des Menschen fällt das Centrum vorwiegender Schwere weitaus auf die psychische Hälfte, und diese hat deshalb verhältnissmässig hervorzutreten, zur Kenn-zeichnung des Durchschnittstypus, wenn, in allgemeinen Strichen eines Grundrisses, der Totalcharakter entworfen werden soll (das Untersuchungsfeld hypothetisch zu umgrenzen).

Bei der Abhängigkeit des Organismus von seiner jedesmal normalen Umgebung bieten sich, (für Verwendung comparativ-genetischer Methode), die Differenzen als erst gestellte Aufgabe, deren Lösung jeder anderen voraufzugehen hätte, und ehe sie selbst in Angriff genommen werden kann, vorher die Beschaffung des erforderlichen Materials verlangen würde (unter statistischer Sich-tung und Ordnung).

Nachdem sodann die physikalischen Agentien für ihre phy-sischen Auswirkungen (im Organismus) verfolgt sind, würden sie mit dem „Influxus physicus" (auf psycho-physischer Brücke) weiter-führen zum Psychischen, hier dann jedoch sogleich in die Gesell-schaftssphäre hinüberfallen, da, (um den im logischen Rechnen begründeten Axiomen Rechnung zu tragen), die Induction zu ihren Prämissen erstabgeschlossene Einheit verlangt, eine solche aber, beim geistigen Leben des Zoon politikon, im Völker-gedanken gegeben vorliegt, innerhalb welcher, (für solches Ganze), gebotenen Einheit, die integrirenden Theile später erst ihre realen Ziffernwerthe deductiv festgestellt erhalten können (zum Bewusstsein individuellen Selbsts).

In Durchdringung von Geographie und Geschichte würde somit die ethnische Anthropologie den Fortgaug von der Natur-historie zur Philosophie zu vermitteln haben, von Physik zu Meta-Physik (mittelst naturwissenschaftlich durchgebildeter Psychologie). Gleich den Voranlagen der Sprache „aus der Selbstthätig-keit Aller hervorbrechend" (s. W. von Humboldt), füllt auch die primäre Kunstsphäre (im Weltsystem des Pule Hau) unter die Vorbedingungen einer noch nicht (s. Marc Aurel), gleich dem Zweig vom Stamme, abgetrennten Existenz, bei der Gesellschafts-wesenheit des (nackt und bloss ins Leben gesetzten) Menschen, der dann in der, zwischen den Extremen (harter Unterdrückung und hätschelnder Verweichlichung) auf goldenem Mittelweg ge-mässigten, Zone zur Arbeit gerufen, in der Cultur sich veredelt. *Πανταχοῦ τὴν ἀνθρωπίνην σύνεσιν γυμνάζεσθαι βουλόμενος ὁ Θεός, ἵνα μὴ μένη ἀργὴ καὶ ἀνεπινόητος τῶν τεχνῶν, πεποίηκε τὸν ἄνθρωπον ἐπιδεῆ* (s. Origenes), im Geschichtsfortgang (bei Solidarität der Interessen durch Raum und Zeit). Hominem tantum nudum et in nuda humo natali die abicit (s. Plinius), die Natur (parens melior homini an tristior noverca). *Οὕτω τοίνυν τοῦ νοῦ διὰ τῆς ὀργανικῆς ταύτης κατασκευῆς ἐν ἡμῖν μουσουρ-γοῦντος τὸν λόγον, λογικοὶ γεγόναμεν* (s. Gregor) oder *λαλητικοί* (b. Damasc), auch in „mimicry" der Geberdensprache (eines Alalus). It must be confessed, when matter is stripped of its qualities, we are at our „ne plus ultra", our Knowledge extends no farther (1776). Wie die Materie des körperlichen Geistes dem Hypokeimenon einer mit ihrem Namen bezeichneten Hyle (als Prämisse der Existenz) entnommen, so die geistige *κατασκευή, αἱ τῶν ἰδιωτῶν κατασκευαὶ τῆς ψυχῆς* (s. Plato), zur Ausrüstung der Seele (mit den „qualitates" ihrer *οὐσία* aus der psychischen Atmosphäre der Gesellschaftsschöpfungen, und während bei jenem Anfang sich der Blick im nebulären Dunstkreis verliert, mag er bei diesem die Vorstadien des Werdens (für den *σπερματισμός*) im vollen Tageslichte abspiegelnd zu sehen, vielleicht die Fähig-keit erwerben (im langsam methodischen Fortgang naturwissen-schaftlichen Studiums).

Um jedoch die Induction nach comparativ-genetischer Methode, für Durchbildung einer naturwissenschaftlichen Psychologie, zur Verwendung zu bringen, wird es zunächst einer Material-Ansamm-lung bedürfen, einer Registrirung der Völkergedanken, die für ihre psychologische Begründung bisher kaum irgend welche Beachtung gefunden haben, obwohl eine solche, auf den elementaren Stadien der Naturstämme gerade, voll verdienend, wie beispielsweise in Betreff der Auffassungen des Seelenbegriffs selbst.

Während die Grundlage (Kumu) der Gedanken (Manao) in das Hirn oder lolo (Ufre der Efik) gesetzt wird (auf Hawaii), fallen die (seelischen) Gefühle in die Naau („small intestines"), wie in die Leber (Eset) bei den Efik, denen (beim Singsang) der „Muth in der Brust seine Spannkraft übt" (im Oti oder Herz), wogegen im Athem oder Ibifik sich das (im θύμος) Drängende (Fik) geregelter Bewegung ausspricht und in Uwem das Leben als Athem oder Mu (Mumo oder Geist) im „Mark" (s. Goldie); und Atua (auf Mangaia) „means the core or pith of a tree" (s. Gill), im Schatten (s. Maunsell) der Seele (oder Vairua). Every thing not made by human hands, which has an independent being, or can be individualized, possesses a spirit (shade) oder Idahi (bei der Hidatsa), im Reflex der Seele (dahi) oder Dahihi (s. Riggs). Und so schwankt die Seele als Schatten (Inina der Mpongwe oder Omuingo der Herrero) oder Ukpön unter den Efik, wo Ekpo (Ognambe der Mpongwe) als Gespenst umherspukt, wenn nicht in dem ausersehenen Tartarus (Mbukpo) eingeschlossen gehalten (im Eisengefängniss der Chamorro), wie „anima apud inferos sequestratur ad diem Domini" (s. Tertull.), und bei den Zulu weilen die Ahnengeister (Amatongo oder Ama-dhlozi) unter der Erde (hlaba), als Umhlaba, „die da drunten" (s. Colenso). Von dorther, (wenn nach dem Rausch aus dem demiurgischen „Dionysosbecher" die Anamnese wieder erwacht), mögen in melanesischer Erinnerungskraft oder Nunnai (s. Codrington), bei (des Guyaner) „reality of his dream-life" (s. Im Thurn), die Nachbilder (sisa) in den Mu-sisi (Omu-Kuru) der Ahnen (s. Kolbe) zurückkehren, bei den Herrero, denen das wiedererstandene (ruru) Todtengespenst (Otyi-ruru) umherspukt in thierähnlicher Form, als Hündchen oder Kätzchen u. dgl. m. („having its eyes on the hinder part of the head"). Dem Hidatsa ist das Leben (hidakatsa) ein aus dem Rohen (tsa) neu (hida) Gemachtes (ka) oder Verursachtes, wenn im Kreislauf des Entstehens oder Vergehens νεοτελεῖς (oder Neulingsseelen) zwischengeschoben werden, oder ins σῆμα des σῶμα Niedergebannte (beim Absterben des Nat für die Erde).

In Akra ist die Stammesseele oder Bla („behaviour") bei ihrer Wiederkehr in die Welt zugleich schon mit vererbtem

Charakter geprägt (atavistisch), und nach dem Leben, während welches das Gewissen (Gbesi) klopft, (si oder klopfen), bleibt von der Seele oder Susuma (Schatten), im irdischen Schatten oberen Reflexes (aus den Wassern gespiegelt, in Galo-na der Vitier), nur das Knochengespenst oder Sisa über (als Skelett), während unter dem göttlichen Auge oder Antlitz (Ngonmo hie) die Won (Wodsi) als Wächter ($\nu o\mu\epsilon\tilde{\iota}\varsigma$ oder $\varphi\varrho o\upsilon\varrho oi$) bestellt sind (zu Schutzengeln unter „dii praesentes"). „In life the Kla is considered partly as the soul or spirit of a person (susuma), partly as a being apart and without him, who protects him, gives good and had advices (gbesi), receives thanks and thank-offerings (won)," in Doppelung, als männlich und weiblich (gut oder böse). „The Kla of a person exists before his birth and may be the soul or spirit of a relation or other person already dead (bla). After death the Kla becomes Sisa" (s. Zimmermann). Wenn in der Controverse statt des Traducianismus der Creatinismus überwiegt, sendet, (nach dem Rathschluss im Zohar vielleicht), Mawu die, (bei Origenes) präexistirende, Seele (der Eweer) herab aus der Heimath in Nodsie, zum Abglanz aus (Philo's) $\varkappa\acute{o}\sigma\mu o\varsigma$ $\nu o\eta\tau\acute{o}\varsigma$ in die Körperlichkeit eines leiblichen Gefängnisses (b. Plato), auf dem $\acute{\alpha}\tau\acute{e}\varrho\pi\epsilon\alpha$ $\chi\tilde{\omega}\varrho o\nu$ (s. Empedocles). Da die geschlechtliche Hälfte in dem $K\acute{o}\sigma\mu o\varsigma$ $\acute{\alpha}\varrho\varrho\epsilon\nu o\vartheta\tilde{\eta}\lambda\upsilon\varsigma$ (bei Philostr.) zurückbleibt da droben, verbleibt auch in der schwarzen Hülle des Nigritier der Herzenszug noch „celestial nuptials" (die Ehen im Himmel zu schliessen). Der Jajutschi, der, auf Jajyk's (Bai-Ulgon's Sohnes) Geheiss, die Lebenskraft dem Milchsee (Süt ak köl) entnimmt, begleitet die Seele (des Altaier), als guter Schutzgeist, wie der von Erlik-khan geschickte Körmös als böser (s. Radloff). Every human body has four souls in one (bei den Hidatsa), oder zwei (b. Numenius), und die (vier) Chatura-Bhut der Siamesen werden regiert von Ming-Khuan, auf dem Scheitel thronend (wo der Nous $\vartheta\acute{\upsilon}\varrho\alpha\vartheta\epsilon\nu$ eingetreten), und wie bei den Mpongwe der Kopf (ewondyo oder Verstand) zugleich den Anfang bezeichnet, so Ibuut (Anfang oder Verständniss) den Kopf bei den Efik, und im Denken (Eki-Kere) liegt das Sorgen (Kere) ausgedrückt (erwägender Ueberlegung). Ohne Kopf verbleibt der Körper ein Torso oder Obukpit (Obuk, Fleischmasse), und während „Idem" das Selbst ($A\mathring{\upsilon}\tau\acute{o}\varsigma$) der Persönlichkeit bezeichnete (im Seelischen des „Owo"), heisst, im Unterschied von Ukpön (Seele oder Schatten), der Körper im Besonderen Ikpöhidem oder das Selbst in der Haut (Ikpök oder Fellhaut). Die Vernunft hat, als Dämon, im erhabensten Theil des Körpers ihren Platz angewiesen erhalten (s. Heraklides Pont.), gleich Tso der Karen, und Ulifat ist auf den Karolinen aus dem Haupt geboren (wie Athene von Metis in προνοία). Ὁ θεῖος τόπος καὶ ἡ ἱερὰ χώρα πλήρης ἀσωμάτων ἐστὶ λογῶν, ψυχαὶ δὲ εἰσὶν ἀθάναται οἱ λόγοι οὖτοι (Philo), in idealen Prototypen (Dsiwo's), und wenn der Nigritier den Edro erkennt, worin sein „Numen inest“ (s. Ovid) wie der Innuae (dem Eskimo), trägt ihn der Indianer als Fetisch fort im Medicinsack (Gush-ke-pi-e-ta-gun). Gleich Vui (der Papuer) den Naturgegenständen einwohnend (als „Genius loci“), erscheint Shin zugleich in den Ahnenseelen oder Kuei-Shin des Kuei (als maskirter Mensch) neben Hun oder der Nährseele (bei Chinesen). „Sofern die Seele des Menschen eine wandernde, abscheidende in der Vorstellung des Eweer's ist, heisst sie Aklama, sofern und solange sie im Leibe des Menschen wohnt und von dieser Seite betrachtet wird, heisst sie Luwo, was auch Schatten von lebendigen Wesen heisst, sofern als völlig abgeschieden gedacht, erscheint sie als Noli, d. h. Geist oder Gespenst, was sie auch war, ehe sie zur Incarnation im Menschen bei seiner Geburt einging“ (s. J. B. Schlegel). Der „Yalobula“ genannte Spirit (s. Hazlewood) „leaves a man's body when still alive but generally when asleep“ (auf Viti).

Die Zulu betrachten die Aorta (being empty after death) oder Xwelo (life): „to be only an air-vessel, saying that the blood is the life of the body, but air of the Aorta; they add, however, that all the blood in the body goes to it, as a sort of house, hence the word is used also to express bodily life, which exists as long as the Umxwelo is an action, that is, so long as the man breathes“ (s. Colenso). Of the hundred and one arteries of the heart, one passes out to the crown of the head, and „by that, going upward, one goes to immortality“ (nach den Upanishad). Am Gabun heisst Athmen Fonela-onwei (onwei oder Hitze), und den Caraiben lebt die Seele im Blut (der Pulsschläge).

Wie zu Hel (im Gegensatz zu Walhalla) gehen die natürlich Verstorbenen, (für Miru's Frass), zu Nacht (aere ki te po), wogegen die im Kampf Gefallenen zum Licht (aere ki te ao), nachdem sie (auf Mangaia) im Zirpen der Grillen (s. Gill) gehört sind (ku a tangi te vava), und in Tlascala flatterten die

Seelen der Edlen in bunten Insecten (bis zum Sonnentanz der aztekischen Krieger).

Beim Exodus aus einem, auf Ahuramazda's Geheiss gepflanzten, Garten mag die Seelenheimath der Nodsie mit dem historischen Stammessitz zusammenfallen, (beim oceanischen Avaiki), in dichterisch gefärbter Erinnerung, an Bolotu's heiliger Insel, auf Tonga (oder an Odhins dreigethürmten Throu in Byzanz).

Wie die „Junones" (s. Plinius) das schönere Geschlecht, umschweben das männliche die Genien, nach den Göttern benannt, von welchen sie ihre Kräfte erhalten (s. Plut.), und gleich der Uhane ola auf Hawaii (s. Zur Kenntniss Hawaiis, S. 21) projicirt sich aus der Seele oder Ukpön (Guinea's) ihr Wiedergänger (in Ukpön), „an animal, with the existence of which the life of the individual is bound up" (if the Ukpön gets sick or dies, so does the individual, whose Ukpön it is, and the Ukpön is correspondingly affected). Many individuals have the power of metamorphosing themselves into their Ukpön" (s. Goldie), und so nimmt der (polynesische) Atua wieder seinen Verehrer in sich auf (zur „Unio mystica"). Als Fravashi begleitet der „Genius natalis", (oder Akua noho der Kanaka), im Leben, vielleicht unter Sehnsuchtszug nach der, (wie in Umvelingangi's Schilfrohr), abgetrennten Geschlechtshälfte, die in den Seligkeitshöhen verblieben am Dsogbe (oder Geburtstag), und der von Kirchenvätern den Gnostikern gemachte Vorwurf, Männliches und Weibliches in das Pleroma eingeführt zu haben, würde auf das Pule-Hau auch treffen, in den über die Schöpfungsperioden präsidirenden „Aeonen" („Heilige Sage der Polyn.", S. 70).

In der Kosmogonie der Maori hebt die sichtbare Schöpfung an mit Rangi und Papa (Uranos und Gäa) auf der Erde, als „prémiere ébauche du ciel" (s. Jean Reinaud), aber vorangegangen, aus Eliun vielleicht (b. Sanchuniathon), besteht bereits das psychische Sein (eines „Unseen Universe"), von Kore aufwärts, als dem Noch-Nicht ($\tau\grave{o}$ $\mu\grave{\eta}$ $\check{o}\nu$), und wenn (bei Plato) „les pensées, les volontés, les désirs etc. sont plus anciens que les mouvements des objets matériels" (s. Denis), in den Idealgestalten (peruanischer) Urtypen, so lassen die Hawaier ähnlicherweise in der fünften Schöpfungsperiode die Voranlagen für Verstand und Unverstand entstehen, in der siebenten die Seh- und Hörbilder (mit den Sprechworten der Gedanken), aber in der achten erst den Menschen („geboren wie ein Blatt") im Pua-uamai oder „Emporblühen" der Welt, aus Kumulipo's Bythos („Zur naturw. Psycholg.", S. 200).

Mit der Weisheit (σοφία), die in ihrem alttestamentlichen Buche redet, spricht sich die materieller Form-Verwirklichung vorangedachte Schöpfung aus, im Logos, (als τόπος ἰδεῶν zum Ausdruck gelangend), den Philo als δεύτερον Θεόν bezeichnet, zum Vorbild des Menschen im Vater (prophetisch als προφορικὸς λόγος) vorausgespiegelt (mit πνεῦμα durchwaltend), und so in dessen Antlitz (πρόσωπον) oder (bei Nigritier) Hie (Njongmo oder Jongmaa). So redet Brahm das schöpferische Wort (der Vaj) in den Zauberformeln der Mantra, oder Karikia (bei Maori), als Brahma versinnlicht in Maha-Brahma, der in (buddhistischer) Gnosis sich wieder zum selbstgetäuschten Architekten degradirt, auf den Rupaterrassen, oberhalb Mara als Demiurg (und „Fürst dieser Welt"). *Ai τρεῖς ἡμέραι τῶν φωστήρων γεγονυίαι τόποι εἰσι τῆς τριάδος τοῦ Θεοῦ καὶ τοῦ Λόγου, καὶ τῆς Σοφίας* (Theophilus) in der Trinität dreier Kostbarkeiten oder Triratna (Kon chok tun oder Ratnatraya), etc. etc.

Wie der Convict Davis von den australischen Stämmen, zu denen er geflüchtet, wurde unser Reisender Wissmann von den Tuschilango als einer der Ihrigen wiedererkannt, ein auf der Veredlungsstufe der Weissen zur Heimath Zurückgekommener, und so war Euphorbus in Pythagoras aufgelebt, wogegen die Wiedererscheinung Elias' in Johannes' Bapt. nur hinsichtlich der prophetischen Kraft gelten sollte (s. Origenes), bei den Controversen über Transcorporationen (Metasomatosen oder Metempsychosen), in den drei Cirkeln (Cycl y ceugant, Cycl y gwynid, Cycl ir arbred) der Druiden (oder 100 bei Taliesin, unter Einschluss stellarer Existenz), bis mit den Jataka in Lokman's Fabeln verlaufend (auf der Seelenwanderung). „Les âmes, qui seront un jour âmes humaines, comme celle des autres espèces, ont été dans les semences et dans les ancêtres jusqu'à Adam et ont existé par conséquent depuis le commencement des choses, toujours dans une manière de corps organisé, en quoi il me semble, que M. Swammerdam, le R. P. Malebranche, M. Bayle, M. Pitcairne, M. Hartfoker et quantité d'autres personnes très habiles, soient de mon sentiment, et cette doctrine est assez confirmée par les observations microscopiques de M. Leuwenhoek et d'autres bons observateurs" (s. Leibniz), bis zur Transcreation (bei der Geburt), während man jetzt Plastidul-Seelen vorgezogen hat (aus plastisch und drastisch knetbarer Masse). In buddhistischer Theorie hätte der (mit Nama-Rupa) geschaffene Körper als der gleiche zu gelten, weil die Verwirklichung des Seelischen (nach moralischer Werthbedeutung), und während bei präexistirend gesetzter Seelenzahl die Wiedergänger neben einander im Paradies zu verkehren vermöchten, so lebt dagegen in Buddha, als Vesantara, Zanekka, oder ein anderer aus seinen (königlichen und unköniglichen) Vorexistenzen, immer nur dasselbe Selbst, das sich durch schliessliches Verschwinden im Nirwana weiteren Schwierigkeiten (aus der Eschatologie) entziehen würde, während das Einfahren der Seelen (dämonischer Wesenheit) in fremde Körper, menschliche oder thierische, und (b. Plotin) auch pflanzliche (für faule Bauchmenschen), nur bei demjenigen Zwischenzustand (der Phi-Pisat und zugehörigen Bhut) statthaben könnte, auf welchem das Strafurtheil eben verbietet, einen bereits sympathisch entsprechenden Eigenleib zu gewinnen (so dass im gefährlichen Umherschweifen sonstige Behausung gesucht wird). Innerhalb planetarisch umschriebener Horizontlinie überblickt sich nun das Werden (das Spätere aus Früherem, im mehr oder weniger erweiterten Kreislauf), und auch wenn die Ausschau in den Kosmos sich über höhere Welten (der Rupaterrassen, oberhalb von Kamaloka) verlängert, bleibt doch dahinter noch (bis zur Erlösung längs der Megga) für das, was in den Erscheinungen wandelt, der Urgrund verborgen (im Walten des Dhamma unter den Tri-Ratna). Im Anfang der Dinge, (irdischer Tragweite), vollzieht sich für die aus Abhassara Herabgesunkenen die Aenderung ihres (durch Krustenausschwitzung und Reisnahrung) — in Descendenz also (statt in der Ascendenz der Jakun) — beschwerten Körpers unter der Form einer Acclimatisation an das neue Milieu, wobei dann die Kreuzung mithelfen könnte auf dem γήϊνον σκῆνος, wenn (Israels) Göttersöhne ihre Frauen suchen (die θυγατέρας ἀνθρώπων). Und auch in jener Sphäre, wo der Gott der Guten (als Ἀγαθός) ein gerechter wird (γίνεται), und werden muss, (ohne sich manichäistisch in den Dualismus der Gnostiker zu spalten), als Richter (zwischen Gutem und Bösem), mag in den Realisirungen der Karma durch den übergehenden Chuti-Chitr (s. Bddh. i. s. Pschlg., S. 356), noch der Einfluss der Stammesseele, (gleich nigritischer Bla), fortwirken, atavistisch*) aus dem Einfluss des Bruders sowohl, wie des Vaters oder Oheims, auch des Grossvaters ($\tilde{\eta}$ τοῦ πατρός, ἢ τοῦ θείου, ἐνίοτε καὶ πάππου).

So sind der Dunstatmosphäre, welche die aus nebularem Chaos aufgestiegenen Spukgestalten (Maya's) umschliesst, σπερματικοὶ λόγοι (der Stoiker) eingesäet, aus jenen Fernen, wo Raum und Zeit verloren geht, und obwohl bei der Fortzeugung das Kind in dem (moralisch für die Erbsünde) verwerthbaren Rapport (der Couvade) zum Vater steht, als Zeugung (τοῦ σπείροντος), zeigt es doch zugleich ὕλην ἀπὸ τῆς γυναικός (von der Mutter her), und so liegt hier nun wieder der Gegensatz nahe zwischen dem Genius guten und bösen Rathes (männlich oder weiblich), weshalb auch in den Bramahimmeln das Frauengeschlecht sich umzuwandeln hat, das schönere also, nicht descendirend, sondern ascendirend (wie coenobitische Talapoinen meinen). Omnes sunt viri, mulieres contemplativae quando nascuntur in Phrahmloka, fiunt viri (s. Pallegoix). Doch würden auch sie, aus terrestrisch inwohnender Kraft, seit ihnen im Erdenleben das Heilwort (der Vierwahrheiten) gepredigt war, bis zu der Schichtung auf Akakhantscha-Phrom Veredelung gewinnen können, mit der Gefahr freilich, sich durch metaphysische Spitzfindigkeiten bis in die Arupawelten zu versteigen, und stets bedarf es noch des selbstständig eigenen Willensentschlusses der Entsagung, um als Ariya, kraft seiner Phala, die Befreiung zu erringen mit Asangkhara-Ayatana (innerhalb eines aus harmonischen Gesetzlichkeiten congenial empfundenen Kosmos). Als erste Vorstufe solchen Einklangs wäre also für die Existenzfähigkeit des Organismus gesetzliches Gleichgewicht mit seiner planetarischen Umgebung als hergestellt vorauszusetzen (zur Vorbedingung physischer und, weiter dann, psychischer Entwicklung).

Bei der überwältigenden Fülle des in der Ethnologie zusammenströmenden Materials locken auf allen Seiten verlockende

---

*) Τὸ μὲν σπέρμα τινὰς ἔχει τοὺς λόγους τοῦ σπείροντος ἐν ἑαυτῷ, εἴ τι ἡσυχάζονται καὶ ἀποκειμένους, τὸ δὲ τέκνον, μεταβάλλοντος τοῦ σπέρματος καὶ ἐργασαμένου τὴν παρακειμένην αὐτῷ ὕλην ἀπὸ τοῦ γυναικός, καὶ τῶν ἐπισυναγομένων τροφῶν μορφωθὲν, καὶ ἐν γένεσιν ἐντρεπισθὲν, ὑφίσταται (s. Origines), wie in der Couvade, unter dem Einfluss einer Stammesseele (gleich Bla) im Atavismus (ἀποτίκτεται τὸ γεννώμενον τῷ σπείροντι ὅμοιον, ὅτε δὲ ὁ λόγος τοῦ ἀδελφοῦ τοῦ σπείραντος, ἢ τοῦ πατρὸς ἢ τοῦ θείου, ἐνίοτε καὶ πάππου).

Hypothesen, „plenty as blackberries", oder freilich gleich ephemer und werthlos. Deshalb lieber hier Entsagung üben, festzuhalten an der Vorbereitungsarbeit mühsam trockener Materialbeschaffung, ehe sich die frisch und jung aufblühende Wissenschaft bereits mit verwesenden Cadavern fülle, gleich der des „biogenetischen Grundgesetzes", das im Ueberwiegen der Kenogenese über die Palingenese sich selbst gerichtet hat und vernichtet (in Kenologien), im Rückschlag auf diejenige Theorie, für welche es als unerlässliche Praemisse hingestellt worden (weil für das „ganze innere Verständniss" davon abhängig). Statt klar zu scheiden zwischen Wissen und Nichtwissen, (um im ununterbrochenen Fortschritt jenes die Domaine dieses allmälig zu erobern), zwischen Sein und Nichtsein zunächst, — statt solcher Anerkennung des Thatsächlichen: „the chasm between the organic and the inorganic is being filled up" (s. Spencer), und aus der monistischen Naturauffassung ergäbe sich, dass „der Gegensatz, welchen man zwischen todter und lebendiger Körperwelt aufstellt, in Wahrheit nicht existirt" (s. Haeckel), so dass bald wieder die Nacht- und Tageseiten des Lebens, tellurischer und solarer Pole (s. Kieser), unter Verwischung der Grenzscheide wirrig durcheinanderlaufen würden, in mystischem Gedusel und (jetzt spiritistischen) Faseleien, im direkten Gegensatz also zur sonstigen Tendenz des Culturganges:

Während der Wilde (melanesisch dunkler Inseln) in dämonisch getrübter Traumwelt sein Dasein dahindämmert, zieht das Geschichtsvolk κατ᾽ ἐξοχήν den festen Scheidungsstrich des Flamen dialis (s. Der Papua, S. 254) zwischen Leben und Tod, und ähnlicherweis wenn unter indianischen Verhältnissen die Gesittung zu keimen beginnt:

Während bei den Huronen die Beschäftigungen im Leben nur auf Ehre der Todten gerichtet waren, — (wie im ägyptischen Gräberbau) oder „Kenotaphien" (bei Khasia auch) —, unter Hingabe des Eigenthums (s. Brebeuf) zur Amortisirung, unter Trauerklagen und Todtenfesten (s. Parkman), so dass beständig den durch sie gefesselten Blicken die Todten gegenüberstanden, „devant les yeux" (1641), ändert sich das mit einem Schlage, als die auf westlicher Hemisphäre den Römern (b. Morgan) parallelisirten Irokesen ihren amphiktyonischen Bund als Friedensgenossenschaft (Kayanerenh) im Langhaus (Kanoughsyonny) zusammengeschlossen hatten, und ihr Gesetzbuch, bei Uebergebung des Wampum den Leidtragenden gebot: „They shall be comforted and shall go on with their usual duties" (s. Brinton). „Non vitae magis miscebitur mors, quam diei nox" (s. Tertull.), und im Sonnenlicht des Tageslebens erst hat sich die Fackel des eigenen Verständnisses zu entzünden, um mit geistiger Klärung die dunkelnde Welt des Jenseits zu erhellen. Bis dahin jedoch gilt und giebt es der Arbeit noch genug (in Materialbeschaffung des Völkergedankens).

Bei dem in Aklama von Kla Abscheidenden, was dann aus der Manifestation des Edro oder (b. der Ga) Okra zu reden vermag (auch mit der Stimme des Gbesi), tritt somit in nigritischer Psychologie (afrikanischer Westküste) der Genius hervor in altägyptischer Doppelung, als „le double" (s. Maspero). Jedem Menschen ist ein Engel beigegeben, im παιδαγωγός oder νομεύς (s. Basilius), als Mystagogos (b. Menander) oder (Seneca's) „Deus" im ουράνιον σώμα (s. Jamblichus), und bei der Traumwahrsagung (Gnilino der Mpongwe), oder Offenbarung, der in ihren Stufenfolgen die Welt erfüllenden Zŏa (oder Wong), ist nicht durch willkürlich-zufälliges Loos der Dämon dem Menschen zuertheilt, sondern von ihm gewählt (bei Plato), ὁ εἰληχὼς ἡμᾶς δαίμων (b. Lysias), aus prä- stabilirter Harmonie (im kosmischen Gesetz des Dharma). So in Indien begnügt sich der Durchschnittsmensch mit seinem „Ishta" oder Wahlgott ohne grosse Bekümmerniss um die ungeheuerliche Trias seiner Tempelpallästen, oder den elementaren Götterkräften, wie von den Priestern in vedischen Zaubergesängen bezwungen (kraft magischer Ceremonien). Das Hemd ist näher als der Rock, und so fehlt keinem sein Fetisch (oft bequem auf Flaschen gezogen, wie mancher „spiritus familiaris"). Que „l'avant" et „l'après" du monde, que l'en-deça et l'au-delà de cette vie ne peuvent être pour nous un objet de connaissances, et qu'à peine sommes-nous capables de connaître le milieu, erkannte Origines, aber dennoch ging sein Streben dahin, „la tête et les pieds de dieu voilés par les actes des séraphins" zu enthüllen (s. Denis). „The greatest of the theological laws are the laws of Nature in disguise" (s. Drummond).

Stets nach solchen Mysterien hin verbleibt das Streben, im „geheimen Bautrieb" (s. A. Lange), ob ausgesprochen in meta- physischen Systemen, deren blumensprachige Kunstausdrücke nur die Eingeweihten aus hieroglyphischen Deutungen der Rebus zu enträthseln wagen dürfen, ob in Quodlibeta (scholastisch) oder in Serien von „Episoden" (s. Aristoteles). Und wenn die natur- wissenschaftliche Richtung der Gegenwart, die das gleiche

Problem sich stellt, hier, auf ihrem bisherigen Siegeszuge, erste
Niederlagen erlitten (in den Lösungsversuchen), so lag für „the
doctrine of agnostic evolution" (s. Wainwrigth), die Schuld an
unvollkommener Ausrüstung, weil die naturwissenschaftliche Durchbildung der Psychologie noch fehlte. Demnach sei solche jetzt
erprobt auf Grund des in den Völkergedanken angesammelten
Materials für inductive Verwendung comparativ-genetischer Methode (beim Ausgang von der Gesellschaftswesenheit des Zoon
politikon).

„Produit de la nature, l'homme peut trouver des raisons
toutes naturelles et morales de croire, que la pensée et la volonté réfléchies expriment la pensée et les tendances spontanées
de la nature entière" (s. Fouillée), aber auf dem planetarischen
Standpunkt, wohin das Denken verwiesen ist, würde das darüber
in Unendlichkeiten Hinausragende nur in einem „Calcul des Probabilités" zu bemeistern sein, aus harmonischem Einklang kosmischer Gesetze, bei naturwissenschaftlicher Durchbildung der
Psychologie (nachdem in den Elementaroperationen des logischen
Rechnungsprocesses genügende Uebung gewonnen sein wird).
Eine geläufige Beherrschung des thatsächlichen Materials hat
dabei als unerlässliche Vorbedingung zu gelten, und dieser voran,
noch die frühere und drängendste, die der Materialbeschaffung
überhaupt. Rasch jedoch verrinnt der Sand im Stundenglas der
letzten Arbeitsstunde, wo auf psychischen Feldern noch geerntet
werden kann, und sollten sie unbeachtet abgeblüht haben, würde
für immer in der Culturgeschichte jene Lücke klaffend bleiben,
welche nachträglich nicht auszufüllen wäre, wenn es statistisch
gesicherter Stützen bedarf zum Ausbau einer Lehre vom Menschen
(nach den Principien der Induction).

Gedruckt in der Königlichen Hofbuchdruckerei von E. S. Mittler und Sohn,
Berlin SW., Kochstrasse 68—70.